MEMOIRES DE Mr DE B***.

Où, avec une partie des choses qui arrivérent sous le Régne de Loüis le Juste, l'on en voit quelques autres de curieuses & singuliéres sous celui de Loüis le Grand.

SECONDE PARTIE.

LE Duc de Buckingham, à qui le porteur de la lettre demanda à parler en particulier, fut fort surpris quand la lui ayant renduë, il vit ce qui y étoit contenu. Comme elle étoit de vieille datte, & que celui qui la lui rendoit disoit l'avoir reçûë à Paris de la main propre de la Dame dont on vouloit qu'il crût qu'elle étoit ; & qu'il se faisoit passer pour un de ses Officiers (car on avoit été obligé de lui faire part du secret) il ne se douta nullement du piége qu'on lui tendoit ; il ne songea qu'à s'abandonner à la joye, & commençant dés ce jour-là à rallentir ses attaques, Thoiras remporta chaque jour quelque nouvel avantage sur lui. Il falloit bien que cela se passât de la sorte, autrement le Duc se seroit rendu indigne de la grace qu'il se flâtoit d'avoir reçûë ; il croyoit effectivement qu'il n'y avoit rien de meilleure foi que cette lettre, car il connoissoit l'écriture de la personne qui lui avoit écrit, ayant vû plusieurs de ses lettres entre les mains de la Reine d'Angleterre; desorte qu'il ne s'y pouvoit tromper. Je crois bien que si Mr le Cardinal avoit sçû, lorsqu'il avoit été besoin d'écrire cette lettre, où étoit l'homme qui avoit contrefait l'écriture du Comte d'Olivarez, il s'en seroit servi plûtôt que de la main de la personne même qui l'avoit écrite; mais outre qu'il l'avoit fait sortir de la Bastille, lorsqu'il n'en avoit plus eu affaire, il lui avoit ordonné, de la part du Roi, de vuider du Royaume dans huitaine, afin qu'il ne s'avisât plus de retomber dans le crime qui l'auroit fait pendre sans le besoin que Son Eminence avoit eu de lui.

Le siége du Fort Saint Martin dura jusqu'au huit de Novembre, que le Duc fit semblant d'être obligé de lever à cause que la saison commençoit à devènir fâcheuse pour ses vaisseaux ; mais de quelque adresse qu'il se servit pour couvrir sa trahison, il commença à devenir suspect à plusieurs Anglois, qui malgré ses finesses publierent que s'il avoit voulu faire son devoir devant le Fort Saint Martin, les choses s'y seroient passées autrement qu'elles n'avoient fait. La protection du Roi son Maître, dont il ne laissa pas d'être toûjours honoré, le garantit contre leur mauvaise volonté & contre celle du Parlement, qui publioit tout haut qu'il ne pouvoit pas s'être conduit comme il avoit fait sans s'entendre avec les ennemis de leur état. Le Cardinal pour le récompenser des bons services qu'il avoit rendus au Roi son maître, lui procura une lettre de remerciement de la même main qu'il avoit reçû celle dont il a été parlé ci-devant. Son Emimence n'avoit garde de manquer d'avoir cette complaisance pour lui, parcequ'il en avoit encore affaire ; les Anglois vouloient à toute force, malgré le peu de succez qu'ils avoient eu devant le Fort S. Martin, qu'on fit encore un armement plus considerable que celui qui y avoit échoüé, afin de secourir la Rochelle. Or on parloit dans le Parlement d'en donner le commandement à un autre ; ce qu'il n'eut garde de souffrir aprés la nouvelle lettre qu'il venoit de recevoir. Il terrassa ses ennemis par le crédit qu'il avoit auprés du Roi son maître, à qui c'étoit à donner le commandement de la Flote. Il l'eut donc malgré tous les obstacles qu'y apporta le Parlement ; & comme il n'avoit pas dessein de nous faire grand mal, il ne fit que des efforts trés-médiocres pour rompre l'Estacade que l'on avoit eu le tems de mettre en deffense, principalement aux endroits que l'on sçavoit qu'il devoit attaquer : car pour meriter la seconde grace qui lui avoit été faite, il en avoit donné avis secrettement, afin que l'on prit ses mesures là-dessus. Les Anglois s'apperçûrent qu'il ne marchoit pas plus droit que l'année précedente, & le Duc ayant quitté la mer au mois de Juin, sous prétexte de faire un nouvel armement en Angleterre, avec lequel il pût mieux réüssir qu'il n'avoit fait jusques-là, un Ecossois, grand *Puritain* de son métier ; c'est-à-dire, homme fort zélé pour la Religion Calviniste, qui est la Religion dominante de ce païs-là, s'en vint exprés à Londres pour y punir le Duc de son infidélité, dont il ne doutoit nullement, aprés ce qu'il en entendoit dire tous les jours. Le Duc de Soubise étoit alors avec de Duc de Buckingham, aussi-bien que quantité d'autres Huguenots François qui étoient venus à Londres pour lui representer que s'il tardoit encore quelque tems à se mettre en mer pour secourir leur nouvelle Généve, il étoit impossible que dans la misere où elle étoit, elle pût encore tenir long-tems contre les deux Armées Royales qui l'attaquoient par mer & par terre ; le pain y valoit déja trente sols la livre, encore n'en pouvoit-on pas avoir pour son argent. Le Duc leur donna de belles paroles, tâchant toûjours de les amuser ; afin que les assiégez se rendissent avant que d'être contrains d'aller à leur secours. Ces longueurs irriterent encore l'Ecossois, qui ne l'étoit déja que trop contre lui ; tellement que prenant ses mesures pour l'assassiner, il en vint à bout, lors que ce Seigneur étoit avec le Duc de Soubise & les Officiers dont je viens de parler.

Ce malheureux avoit si peur que l'on ne sçût pas que c'étoit lui qui avoit fait le coup, qu'il avoit mis un billet sur son chapeau pour l'aprendre à ceux qui en pouroient douter, en cas qu'il périt dans son entreprise. Le Roi d'Angleterre eut beaucoup de regret de la mort du Duc, & en ayant fait condamner le coupable à un suplice afreux, il fut à la mort comme s'il eut été à quelque banquet. Il ne faisoit en cela que suivre la fureur de quantité de gens de cette Nation, qui quoi-qu'ils doivent finir leur vie par la main d'un boureau, y paroissent tout aussi insensibles que s'ils alloient mourir pour quelque belle action. D'abord que Buckingham eut été ainsi assassiné, les Anglois donnerent le commandement de leur flotte à un autre; mais devant qu'elle fut prête de se mettre en mer, il se passa encore plus d'un mois; desorte que Mr le Cardinal qui étoit à cheval nuit & jour, ayant eu le tems de renforcer l'Estacade, & de munir quantité de Forts qu'on avoit élevez autour de la Ville, les Assiégez se trouverent dans une si grande necessité, que si le Duc de Soubise n'eut pas trouvé moyen de les consoler, ils se seroient rendus à l'heure-même. Il leur fit sçavoir par un espion, qui, à la faveur de la marée, passa la nuit par dessus l'Estacade, n'ayant qu'une planche pour Chaloupe, & qui ensuite s'étant jetté à la nage, il entra dans la Ville, où il informa les Assiégez que l'Armée Navale d'Angleterre levoit l'ancre pour les secourir. Ils ajoûterent foi à ce discours, sans lequel ils n'auroient jamais pû se résoudre à attendre sa venuë. En effet, comme ils manquoient de toutes les choses néceſſaires à la vie, aprés avoir mangé les chevaux qui étoient dans la Ville, ils furent obligez encore, pour ne ſe pas laiſſer mourir de faim, de manger les chiens & les chats, avec tous les animaux immondes qu'ils pouvoient recouvrer. Il n'y avoit que le zéle de leur fauſſe Religion, qui dans une ſi grande extrémité, pût leur faire trouver encore quelque plaiſir à conſerver leur vie languiſſante: mais comme nous voyons d'ordinaire que ce zéle agit ſi puiſſamment ſur les ames, que l'on s'expoſe tous les jours à répandre jusqu'à la derniére goûte de ſon ſang pour le faire paroître, témoin ce qu'avoit fait l'aſſaſſin dont nous venons de parler, ils comptoient pour rien toutes ces miſeres, parce qu'ils avoient eſperance d'en ſortir bien-tôt.

Leur attente fut vaine, la Flotte d'Angleterre, aprés avoir paru à la vûë de la Ville, & y avoir demeuré quinze jours à essayer de tous côtez si elle ne pourroit point se faire un passage au travers de l'Estacade, comme elle vit qu'elle étoit en si bon état qu'elle ne pouvoit être rompuë, elle se retira sans coup férir. Les Assiegez ayant ainsi perdu l'espérance, furent dans une telle consternation, qu'on eut été bien empêché de dire, s'ils étoient plus à plaindre, ou de ce qu'ils souffroient à l'égard du corps, ou de ce qu'ils souffroient à l'égard de l'esprit. Quoi qu'ils fussent si défigurez par la necessité qu'ils souffroient depuis plusieurs mois, qu'ils ressembloient bien moins à des hommes vivans, qu'à des spectres qui seroient sortis du tombeau, la pensée où ils étoient que leur Religion ne seroit plus en sûreté d'abord que leur Ville seroit prise, les occupoit tellement, qu'ils étoient incapables de songer à autre chose. La peine que cette pensée leur faisoit, les fit résoudre d'abord à s'en faire un cimetiere. Ils ne voulurent point encore, pendant quelques jours, entendre parler de se rendre, quoi-qu'on les en sommât tout de nouveau, comme on avoit déja fait plusieurs fois; mais enfin l'amour de la vie, qui, quoiqu'on en puisse dire, se conserve toûjours en nous jusqu'au dernier soûpir, étant venu à leur secours pour combattre contre leur desespoir, ils battirent la chamade, & & subirent la Loi du Vainqueur.

Ce fut un coup du Ciel que l'Armée Navale d'Angleterre se fut retirée, & que les Assiégez se fussent ainsi rendus, car dés le lendemain l'Estacade se rompit d'elle-même, n'ayant pû résister aux flots de la mer, qui lui livroient des assauts continuels; elle avoit eu la force de leur résister jusques-là, parce qu'on étoit alors dans la belle saison, & que ces asssauts n'étoient pas bien violens; mais l'étant devenus depuis que l'hyver s'aprochoit, (car on étoit déja assez avancé dans le mois de Novembre) cét ouvrage qui avoit tant coûté de peine, & où l'on avoit fait tant de dépense, fut détruit dans un moment. Si le Duc de Rohan eût pû accourir au secours des Assiégez, il auroit tâché de faire par terre ce que les Anglois n'avoient pû faire par mer; mais outre que le Roi lui-même étoit en personne devant la Place, avec une puissante Armée, pour prendre garde au secours qui lui pouvoit venir de ce côté-là, le Duc avoit entré dans le Languedoc, où il avoit porté la Guerre pour faire diversion. Henri de Bourbon, Prince Condé, s'il lui eut vû prendre ce chemin-là, n'auroit pas manqué de le suivre & de l'enfermer entre l'Armée du Roi & la sienne.

Le Roi s'étant ainsi délivré par la prise d'une Place si importante, des inquiétudes continuelles que lui donnoient les Huguenots, s'en retourna à Paris, aprés qu'il eut rétabli dans sa Conquête l'exercice de la Religion Catholique, qui y avoit été aboli par les rebelles depuis un long-temps. Le Duc de la Tremoüille, un de leurs principaux Seigneurs, & qui leur donnoit le plus de relief, abandonna cependant leurs erreurs, & embrassa la Religion Catholique. Le Prince de Tarente son fils, fut exhorté de la part du Roi, aussi-bien que de la part de ses véritables amis, de suivre l'exemple de ſon pere : mais comme le tems de ſa converſion n'étoit pas encore venu, il réſiſta à leurs conſeils & demeura dans l'Héréſie. Le Duc de Boüillon, Prince Souverain de Sedan, avoit déja fait le même pas que le Duc de la Tremoüille ſon oncle. Son pere, qui étoit Huguenot, l'avoit pourtant fait venir avant que de mourir avec le Vicomte de Turenne ſon frere, pour leur recommander trois choſes, dont ils ne ſe ſouvinrent pas plus de l'une que de l'autre. La premiere fut de ne jamais changer de Religion; la ſeconde, de ne jamais rien entreprendre, au préjudice de la fidélité qu'ils devoient au Roi; & la troiſiéme, d'être ſoûmis & reſpectueux envers ſes Miniſtres; & comme s'il eut été animé d'un eſprit de prophétie, il leur prédit en même tems que s'ils y manquoient ils s'attireroient toutes ſortes de malheurs ſur eux & ſur leur maiſon : cette prédiction s'accomplit dans ſon tems, & c'eſt ce que l'on verra dans la ſuite de ces Mémoires.

1629 Le Roi étant de retour à Paris, fut quelques jours aprés au Parlement, où il fit enregiſtrer une Déclaration contre les Huguenots. Il avoit envoyé ordre auparavant au Parlement de Toulouſe, capitale du Languedoc, de faire le procez au Duc de Rohan. Il n'y manqua pas, il donna un ſanglant Arrêt contre lui, tant pour ſe conformer aux ordres du Roi, que pour le punir des ravages extraordinaires qu'il avoit faits dans la Province. Les excez, quelques grands qu'ils puſſent être, n'étoient rien neanmoins en comparaiſon de ceux que ſes Troupes avoient commis l'année d'auparavant dans la Ville de Pamiers, Capitale de la Comté de Foix,

Foix, où elles avoient fait des cruautez inoüies. L'Evêque de Pamiers, Mr Sponde, à qui elles en vouloient particulierement, selon la coûtume des Hérétiques, qui voudroient voir couler jusqu'à la derniere goutte du sang des Ministres de Dieu, n'échapa de leurs mains que par miracle : C'est ce qu'il raporte lui-même dans la continuation qu'il a faite des Annales de Baronius, & on l'en peut bien croire sur sa parole, lui qui étoit un S. homme & incapable de mentir.

Le même jour que le Roi fut au Parlement, Sa Majesté partit de Paris pour faire repentir le Duc de Savoye d'un Traité qu'il avoit fait avec la Maison d'Aûtriche, par lequel il lui promettoit de deffendre à Sa Majesté le passage des Alpes, afin que ses Troupes ne pussent secourir Casal, qui étoit assiégé par les Espagnols. La rigueur de la saison (car nous n'étions alors qu'au 15. de Janvier) n'empêcha pas ce Monarque d'entreprendre ce voyage, qui ne pouvoit être differé, parce que sans une extrême diligence le Duc de Savoye, qui commençoit déja à fortifier le Pas de Suze par où il falloit passer nécessairement pour aller dans le Montferrat, dont Casal est la Capitale, y auroit entassé fortifications sur fortifications; ensorte qu'il auroit été comme impossible de se rendre maître de ce passage, il est si étroit, qu'il n'y sauroit marcher que quatre hommes de front, tout au plus; d'où il est aisé de juger avec quelle facilité le Duc seroit venu à bout de son dessein. Il étoit mal intentionné pour le Roi, dont il aprehendoit la puissance, principalement depuis que Sa Majesté, en prenant la Rochelle, s'étoit délivré de la plus fâcheuse épine qu'il pût avoir à son pié. La situation des Etats du Duc, qui sont enclavez entre la Lombardie & le Dauphiné, le rendoient tout-à-fait attentif à ses interêts ; il lui étoit d'une extrême conséquence de se garder contre les deux Puissances à qui ces Provinces obéïssoient : tellement que quand il s'imaginoit que l'une devenoit superieure à l'autre, il se déclaroit aussi-tôt contr'elle.

La diligence dont le Roi usa, ne lui donna pas le tems de faire tout ce qu'il auroit bien voulu ; le Duc avoit pourtant de distance en distance élevé des barricades, derriere lesquelles il avoit placé son Infanterie, pour arrêter les Troupes de Sa Majesté ; mais sa presence leur faisant mépriser les plus grands périls, elles marcherent avec une intrépidité merveilleuse, contre ceux qui gardoient la premiere baricade, & les en ayant chassez l'épée à la main, aprés un feu qui dura environ un quart-d'heure, elles les poursuivirent jusqu'à la seconde baricade, où il leur fallut rendre un second combat. Le Regiment de Rambures, dont Fabert, qui fut dans la suite Maréchal de France, étoit Major, y fit merveilles; ce qui ayant été raporté au Roi, & que Fabert avoit eu grande part à l'heureux succez que l'on avoit eu à cette barricade, Sa Majesté qui lui avoit réfusé auparavant l'agrément d'une Compagnie dans un vieux Corps, à cause que sa mine n'étant nullement revenante, fut comme fâchée de ce qu'on lui disoit de lui, parce que ce lui étoit un secret reproche qu'Elle avoit été trop vîte dans le jugement qu'Elle avoit fait de sa personne. Mais il n'étoit pas le seul dont la mine ne promettoit rien de bon, & à qui cependant on ne pouvoit rien reprocher pour le courage: combien de fois a-t'on pris Epheſtion pour Alexandre, parce qu'Alexandre étoit petit & d'une mine peu relevée, au lieu qu'Epheſtion étoit de fort belle taille, & qu'il avoit tout l'air d'un Roi. J'ai connu en Poitou, pendant que j'étois jeune, un Gentilhomme de la Religion qui ſe nommoit le Marquis de Villarnou (je ne ſçais s'il n'eſt point mort preſentement, ou s'il avoit vécu juſqu'aujourd'hui, il ſeroit bien vieux, y ayant long-tems dont je parle;) j'ai connu, dis-je, un Gentil-homme à qui il arrivoit ſouvent la même choſe qu'à Alexandre; c'eſt-à-dire, qu'on prenoit un valet de chambre, qu'il avoit, pour lui, & qu'on le prenoit pour ſon valet de chambre, quand pareille choſe lui arrivoit; & lors qu'on ſe mettoit en devoir de réparer ſa bévûë par une excuſe : *Ne vous en mettez pas en peine*, diſoit-il, *je ſuis tout accoûtumé à ce que vous venez de faire ; & ce n'eſt pas la centiéme fois que ma mauvaiſe mine m'a attiré un compliment ſemblable au vôtre.* Il eſt vrai qu'avec ſon air bas il donnoit encore lieu à la mépriſe par les habits tout heterodites qu'il portoit ; l'on eut dit à les voir que pour n'être pas fait comme les autres, il les alloit chercher tout exprés à la friperie ; mais il n'y avoit à reprendre en lui que la maniere dont il s'habilloit ; car c'étoit un Gentilhomme de merite & qui tenoit une fort bonne table, auſſi en avoit-il bien le moyen, puiſqu'il joüiſſoit en fonds de terre de trente mille livres de rente, ou environ.

Mais pour ne pas faire une plus longue diſgreſſion, dont la mauvaise mine de Mr de Fabert est cause, les deux premieres baricades, dont nous venons de parler, ayant été emportées l'épée à la main, les autres n'eurent pas une meilleure fortune; les Troupes du Roi s'en emparerent, & s'étant ouvert par-là un passage pour aller à Suse, cette Place auroit été emportée tout de même que les baricades, si pour éviter le sac de ses habitans, elle n'eut imploré la clemence de Sa Majesté. Le Roi se montra plein de bonté envers elle, comme il faisoit toûjours d'ordinaire envers ceux qui avoient recours à sa misericorde; il empêcha que ses Soldats n'y fissent aucun desordre, & des Députez du Duc l'étant venu trouver dans cette Ville, pour lui proposer un Traité, suivant lequel il s'offroit de lui livrer passage par ses Etats, pour aller au secours de Casal, le Roi & son Conseil, qui se défioient de sa bonne foi; & qui étoient prévenus que ce qu'il en faisoit n'étoit que pour éviter la désolation de son païs, jusqu'à ce qu'il se vit en état de se faire craindre, n'auroient jamais été d'avis d'accepter ses offres, si ce n'est que le Duc de Rohan se révolta tout de nouveau. Il avoit accepté l'Amnistie qui avoit été accordée aux gens de la Religion aprés la prise de la Rochelle; mais les Espagnols ayant envoyé vers lui pour l'engager à reprendre les armes, il succomba à la tentation. Sa nouvelle révolte qu'il porta encore en Languedoc, fut donc cause que le Roi écouta le Traité que le Duc de Savoye lui proposoit, & ayant passé les Alpes, d'abord qu'il fut signé, Sa Majesté reprit Privas, Alets, & plusieurs autres Places dont le Duc de Rohan s'étoit déja emparé ou qui s'étoient soulevées en sa faveur.

Quand

Quand le Duc avoit repris les armes, il avoit crû que le Roi ne finiroit pas si-tôt la Guerre de Savoye, & se voyant surpris par la diligence que Sa Majesté avoit faite pour marcher à lui, il fut obligé de recourir encore à sa miséricorde. Le Roi jugea à propos de lui pardonner, nonobstant tant de récidives ; mais au lieu qu'il étoit allé une fois à Venise de son bon gré, il lui ordonna cette fois-là de s'y retirer jusqu'à nouvel ordre. Il vouloit par-là ôter aux Huguenots la communication qu'ils auroient plus facilement avec lui, s'il demeuroit dans le Royaume, & ordonnant à l'Ambassadeur, qu'il avoit chez cette République, de le surveiller de plus prés qu'il pourroit, il ne se reposa pas tant sur ses soins, parce que le Duc étoit assez fin pour le tromper, que sur ceux de ſon Secretaire, qui pour mériter les gratifications qu'il recevoit de tems en tems de la Cour, entretenoit toûjours une ſecrete intelligence avec Mr le Cardinal. Tout le Languedoc ſe ſoûmit à l'obéïſſance du Roi, d'abord qu'il ſe vit abandonné du Duc, qui étoit ſon plus fort appui dans ſa révolte. Niſmes, qui n'étoit pas la moins opiniâtre ni la moins puiſſante de toutes les Villes qui tenoient le parti des Rebelles, ouvrit ſes portes à Sa Majeſté, & le Roi y ayant fait ſon entrée, auſſi-bien qu'à Uſez, qui ſuivit ſon exemple, le Roi paſſa en Guyenne, aprés avoir laiſſé des Troupes ſufiſamment au Duc de Montmorenci, pour contenir le Languedoc dans l'obéïſſance qu'il venoit de lui jurer. La Guyenne, ou du moins une partie, étoit prête de ſe ſoûlever, comme avoit fait la Province dont je viens de parler ; mais la presence du Roi ayant dissipé l'orage qui commençoit à s'y élever, il marcha droit à Montauban, qui semblable à la Rochelle, prétendoit servir dorénavant de rempart contre l'autorité Royale. Le Roi lui fit voir bien-tôt combien elle s'abusoit si elle prétendoit lui résister, & l'ayant obligée de lui ouvrir ses portes, il en fit démolir les fortifications, afin qu'elle de s'y assurât pas davantage.

Ce qui donnoit l'audace à tant de Villes qui ne passeroient aujourd'hui que pour des bicoques, d'oser prendre les armes contre leur Souverain, c'est qu'il régnoit une grande mes-intelligence entre le Roi & la Reine sa mere. Cette Princesse qui avoit cela de commun avec Catherine de Médicis, qui aussi-bien qu'elle avoit été femme d'un de nos Rois, qu'elle étoit formée d'un même sang, & qu'elle avoit la même démangeaison de gouverner l'Etat, fâchée de ce que le Cardinal de Richelieu, qui étoit sa créature, mais qui n'avoit plus pour elle les mêmes égards qu'il avoit eûs autrefois, avoit toute l'autorité entre ses mains sans lui en faire aucune part, se servoit de toutes sortes de moiens pour le chasser de son poste; elle l'accusoit hautement d'ingratitude, lui qui aprés avoir été élevé dans son sein, bien loin d'en avoir de la reconnoissance, portoit le Roi à se défier de son ambition. Il n'avoit pas grand tort d'inspirer ces sentimens à Sa Majesté, puisque dans la passion qu'elle avoit d'usurper la souveraine autorité, elle mettoit tout en usage pour y parvenir: elle se servoit principalement pour cela du Duc d'Orleans, Prince foible, & qui avoit toute confiance en ses favoris, dont il étoit trompé tous les jours : elle se servit, pour le porter à broüillier l'Etat, d'un prétexte qui parut plausible à ce Prince, qui outre qu'il étoit facile à se laisser persuader, étoit environné de gens qui esperoient trouver leur avantage particulier à lui donner de mauvais conseils. Ils lui representerent que quand il avoit été question de le marier, ce Ministre s'étoit opposé tout autant qu'il avoit pû à ce qu'il épousât Marie de Bourbon fille unique du Duc de Montpensier, dont la richesse étoit cause que les plus grands Princes desiroient son Alliance; qu'enfin ayant été obligé, comme malgré lui, de consentir à ce Mariage, il avoit toûjours été sur les épines jusqu'à ce qu'il l'avoit vûë mourir à sa premiere couche; que cependant Dieu ayant permis que ce malheur-là lui arrivât, il ne vouloit pas entendre parler de le laiſſer remarier, de peur qu'il n'eut un fils qui le conſolât de ce que ſa femme ne lui avoit laiſſé qu'une fille en mourant ; que s'il en avoit un, ce Miniſtre aprehendoit que comme ce jeune Prince deviendroit l'heritier préſomptif de la Couronne, à cauſe que le Roi ſon frere n'avoit point d'enfans de la Reine ſa femme, quoi-qu'il y eut déja prés de quatorze ans qu'il fut marié ; lui, à qui ils parloient, n'en devint encore plus conſiderable qu'il ne l'étoit déja par ſa qualité de frere unique du Roi, qu'ils n'oſoient pas aſſurer poſitivement, comme quelques gens neanmoins ne faiſoient point de difficulté de le dire : Que c'étoit dans des vûës criminelles qu'il avoit fait tirer ſa genealogie, où on le faiſoit décendre de Loüis le Gros ; qu'il n'y avoit point d'aparence qu'étant Prêtre, il prétendit à la Couronne ; mais que s'il n'y prétendoit pas pour lui, peut-être y ſongeoit-il pour quelqu'une de ſes parentes, qu'un Prince du Sang n'auroit pas de peine à épouſer, maintenant que ſes flâteurs le faiſoient paſſer pour être lui-même de celui de nos Rois.

Mr le Cardinal, pour aller au-devant des maux qu'il prévoyoit de la part de ceux qui ſemoient ces diſcours & à la Cour & parmi le peuple, tâcha de ſe raccommoder avec la Reine mere, en lui procurant des graces pour ceux qu'elle honoroit plus particulierement de ſes bonnes graces. Le Roi, à la priere que lui en fit ce Miniſtre, accorda à Meſſieurs de Marillac les Sceaux & un Bâton de Maréchal de France; l'aîné fut revétu de la premiere dignité, & le cadet de la ſeconde, aprés que Son Eminence eut dit au Roi les raisons pour lesquelles il les lui demandoit pour ces deux freres. Mais la Reine-mere n'étant pas contente de ce que l'on venoit de faire pour ses créatures, parce qu'elle comptoit pour rien les graces qu'elles recevoient, à moins que ce ne fut immediatement par son canal, elle fit sortir de la Cour le Duc d'Orleans, qui se retira en Lorraine. Charles IV. Prince inquiet, & qui pour ne pouvoir se tenir en repos, s'est donné bien du mal tant qu'il a vécu, étoit Souverain de cet Etat. Il reçût le Duc à bras ouverts, parce qu'il étoit aussi-bien que lui dans le dessein de broüiller quand il en trouveroit l'occasion. Le Roi tint Conseil avec Mr le Cardinal, d'abord qu'il aprit la sortie de son frere hors du Royaume, & y ayant été résolu d'envoyer vers le Duc de Lorraine, pour lui témoigner que le Roi trouvoit mauvais qu'il lui eut donné retraite, je fus choisi pour cela par Son Eminence, au défaut de Mr Cheret, qu'Elle avoit envoïé ailleurs, & qu'Elle avoit coûtume d'emploier dans ces sortes d'afaires. Elle me donna pour m'accompagner un nommé du Val, qui étoit Capitaine dans le Regiment de Piedmont, & une espece d'Ingénieur, afin d'observer les fortifications de Nanci; je dis une espece d'Ingénieur, car il n'y avoit alors personne en France qui prit cette qualité, ni à qui on s'avisa de la donner, elle n'est devenuë en régne que long-temps aprés: & ce n'est que depuis que les François se sont perfectionnez dans cette sorte de science, que l'on sçait ce que l'on veut dire quand on dit qu'un homme est un Ingénieur: tous les Ingénieurs qu'il y avoit en ce tems-là étoient des Capitaines, qui lors qu'ils étoient à la tranchée mettoient la main seulement aux ouvrages que leurs Regimens étoient obligez de faire, sans être jamais employez à ceux des autres Regimens. Mr de Vauban a été le premier, que je sçache, qui nous a donné des régles pour le génie, & à qui la France a l'obligation d'avoir mis cét Art dans sa perfection.

Du Val vint avec moi en guise de Valet de chambre, parce que Mr le Cardinal étoit bien-aise qu'il fut travesti d'une maniere qu'on ne le reconnut pas pour ce qu'il étoit. Ce n'est pas que Son Eminence n'eut déja le plan de Nanci, & celui des autres Places de la Loraine, Elle en avoit même plusieurs; mais comme ils étoient tous differens les uns des autres, tant l'ignorance étoit grande parmi ceux qui se mêloient alors du génie, il étoit bien-aise d'en avoir un de la main de du Val, qui passoit pour plus habile que les autres. Devant que nous arrivassions à Vitri le François, qui étoit le chemin pour nous rendre à Nanci, Chantemerle, qui étoit un Gentilhomme en qui le Duc d'Orleans avoit quelque confiance, mais qui étoit bien plus afectionné au Cardinal qu'à lui, m'aporta des lettres de Son Eminence, par lesquelles Elle m'ordonnoit de ne pas user de menaces envers le Duc de Lorraine, comme Elle me l'avoit ordonné en partant, Elle avoit reflêchi depuis mon départ que si ce Duc s'en trouvoit intimidé, & qu'il témoignât au Duc d'Orleans qu'il lui feroit plaisir de sortir de ses Etats pour ne pas s'attirer la foudre qui commençoit à gronder sur sa tête, il pourroit bien s'en aller en Flandres, d'où il seroit plus difficile de le retirer, que de la Lorraine. J'eus ordre cependant de continuër mon voyage, & que quand je serois arrivé à Nanci, je parlasse au Duc de Lorraine d'une maniere à le persuader plûtôt par raison de se ménager avec le Roi, que de l'effrayer par la vûë du châtiment qu'il méritoit, pour contribuër, comme il faisoit, aux mauvais desseins que le Duc d'Orleans avoit contre Sa Majesté. Chantemerle de son côté avoit ordre de parler au Duc d'Orleans, & de le porter à reconnoître la faute qu'il faisoit de se jetter entre les bras de ceux qui ne songeoient qu'à broüiller l'Etat, lui qui devoit veiller plus qu'aucun autre à sa conservation, puisque le Roi n'ayant point d'enfans, il étoit le présomptif heritier de la Couronne; mais ce Prince étant assiegé par ses favoris, qui ne vouloient pas se donner la patience d'attendre qu'il fut monté sur le Trône pour faire leur fortune, lui conseillerent de renvoyer Chantemerle, sans se rendre aux justes raisons qu'il lui representoit, comme si elles fussent venuës de sa part. Je ne réüssis guéres mieux auprés du Duc de Lorraine, qui me donna à la verité de belles paroles, pendant qu'il n'en avoit pas meilleure intention.

La mes-intelligence qui regnoit entre Sa Majesté & ses proches, fit naître l'envie au Duc de Savoye de rompre le Traité qu'il avoit fait avec le Roi : cependant Sa Majesté se délivra d'une grande inquiétude qu'il avoit du côté des Anglois, & ayant fait la Paix avec eux par l'adresse de la Reine d'Angleterre, qui avoit pris un grand ascendant sur l'esprit du Roi son mari, il s'apliqua à rendre inutiles les desseins du Duc de Savoye, qu'il pénétroit, quoi-qu'il les eut tenus secrets jusques-là. Mais enfin aprés que ce Duc se fut assûré du secours de la Maison d'Aûtriche, & que l'Empereur & le Roi d'Espagne lui eurent promis d'envoyer des Troupes en Italie pour le délivrer de la jalousie où il étoit de se voir entouré de toutes parts par les François, qui étoient non-seulement en possession de Casal, mais à qui il avoit été encore obligé de laisser un passage libre dans ses Etats, quand ils voudroient envoyer une Armée dans le Montferrat, il rompit le Traité qu'il avoit fait avec Sa Majesté, il ne se souvint plus de la foi qu'il lui avoit donnée de le garder inviolablement, & l'ayant rompu à la face de toute l'Europe, sans en avoir la moindre confusion, il joignit ses Troupes à celles de l'Empereur & du Roi d'Espagne, qui dans le dessein qu'ils avoient de nous chasser de Casal, l'avoient investie avec toutes leurs forces.

Le Roi qui étoit instruit de toutes les menaces du Duc, aussi-bien que des projets de l'Empereur & du Roi d'Espagne, tenoit une Armée toute prête pour leur oposer quand il en seroit besoin, & en ayant donné le commandement à Mr le Cardinal, qui dans une occasion de si grande importance & où il y alloit de l'honneur du Roi son Maître & du bien de l'Etat, ne vouloit pas s'en reposer sur un autre, il prit la botte & se rendit en diligence sur la Frontiere de Savoye, où il avoit eu la précaution de faire filer les Troupes qui devoient composer son Armée. Il entra dans cette Province, qu'il soûmit en moins de rien, à la réserve de Montmelian : il prit ensuite le chemin de Pignerol, & aprés qu'il se fût rendu Maître de la Ville, il attaqua la Citadelle, qu'il soûmit pareillement. J'accompagnai Son Eminence dans cette expédition, où je ne fis pas mal mes affaires, Mr Cheret ne l'ayant pû suivre à cause qu'il étoit incommodé à Paris, où il avoit été obligé de s'arrêter. Je ne passois plus alors pour être à Mr Cheret, mais pour être directement à Son Eminence, qui avoit augmenté mes apointemens; ils étoient alors de quatre mille francs, au lieu qu'auparavant ils n'étoient que de deux mille.

Avant que Mr le Cardinal partit pour ce voyage, il avoit ramené le Duc d'Orleans à son devoir, par un endroit où les plus grands Princes sont aussi sensibles que les personnes qui sont tout-à-fait audessous d'eux. Il avoit fait ensorte que le Roi avoit augmenté son appa-

appanage & lui avoit donné un gouvernement de Province, qu'il se plaignoit auparavant de ne point avoir : c'est un de ses griefs, & il ne manquoit jamais de l'observer quand on trouvoit à redire à sa conduite. Le Roi lui donna le gouvernement d'Orleans & du païs Adjacent, c'est-à-dire de Blois & de tout ce qui en dépend, de Vendôme & du Vendômois; de Chartres, & du païs Chartrain de Châteaudun & du Dunois du Perche, & generalement de tout ce qui régne aux environs de la Loire, tant en deça qu'en delà, depuis le Nivernois jusqu'à la Touraine, & depuis l'Isle de France jusqu'en Berri. Le Roi avoit jugé plus à propos de lui donner ce gouvernement, qui est au cœur du Royaume, & où il n'y a aucune Place forte, que de lui en donner un plus éloigné, & qui eut tiré à plus grande consequence. Comme de tems en tems il faisoit toûjours quelque escapade, & qui étoit encore d'humeur à en faire quand l'occasion s'en presenteroit, Sa Majesté avoit raison de ne rien faire pour lui qu'avec prudence.

Mr le Cardinal aprés s'être ouvert le chemin du Montferrat par la prise de Pignerol, & s'être abouché avec l'Abbé Mazarin, qui quelques années aprés fut revêtu de la pourpre, à la recommandation du Roi, il vint trouver Sa Majesté à Chamberri, pendant que son Armée marcha au secours de Casal. Les deux Armées étant en presence, & étant toutes prêtes à en venir aux mains, le Pape qui prévoyoit sagement que pour l'interêt de l'Italie il faloit empêcher que tant de sang ne coulât de part & d'autre, avoit donné ordre à

Mazarin, qui aprés avoir porté l'épée avoit pris la soûtane & le petit collet, de s'entremettre en son nom de pacifier ce different. Il y trouva d'abord beaucoup de difficulté, parce que les François, qui étoient en possession de Casal, ne prétendoient pas l'abandonner, & que les Espagnols de même ne vouloient pas se retirer de devant, étant sur le point de prendre cette Place, il sembloit donc qu'il n'y avoit qu'une Bataille qui pût terminer ce grand different; mais Mazarin ayant eu l'adresse de proposer une Tréve, pendant laquelle les François demeureroient maîtres de la Citadelle, & leurs ennemis de la Ville, les deux partis y consentirent se flâtant d'y trouver leur avantage. L'avantage que les François croyoient y trouver, étoit que pendant cette Treve, il lui seroit loisible de faire entrer dans la Citadelle toutes les munitions de guerre & de bouche dont ils auroient besoin; ils comptoient d'ailleurs que pendant qu'elle dureroit, le Duc de Savoye se détacheroit peut-être des interêts de la maison d'Autrîche, & que si cela arrivoit, son parti en seroit affoibli considerablement : elle y faisoit travailler & elle esperoit que les peines qu'elle y prenoit ne lui seroient pas inutiles. Les ennemis de leur côté, trouvoient que ce ne leur étoit pas un petit avantage de ce qu'on leur alloit livrer les portes de la Ville, dont la prise leur étoit incertaine, s'il en falloit venir à une Bataille, puisqu'ils n'étoient pas assurez de la Victoire.

Le Pape étant ainsi venu à bout, par l'adresse de Mazarin d'arrêter le sang qui alloit couler de part & d'autre, il l'envoya à Ratisbonne, pour achever de donner la derniere main à l'ouvrage qu'il avoit commencé si heureusement ; c'est-à-dire, à procurer une Paix generale entre la Maison de France & celle d'Aûtriche : il avoit à cœur de délivrer l'Italie d'une Guerre qui la menaçoit d'étranges ravages si elle s'allumoit une fois en ce païs-là. Les Imperiaux, joints aux forces du Roi d'Espagne, avoient déja chassé le Duc de Mantouë d'une partie de ses Etats, & l'ayant assiégé lui-même dans le Fort Porto où il s'étoit enfermé, il avoit été si malheureux que de s'y laisser prendre. Toute l'Italie étoit donc dans une apprehension mortelle que cette éteincelle ne causât un embrasement universel jusques dans ses entrailles ; mais le Marquis de Spinola étant mort quelques jours aprés la Tréve, dont je viens de parler, & l'Armée de l'Empereur

& du Roi d'Espagne qui lui obéïssoit, étant destituée de Chef, le Roi Trés-Chrétien & Sa Majesté Catholique consentirent à la priere de Sa Sainteté, de faire sortir leurs Troupes de Casal; ce qui délivra de frayeur tous les Princes qui avoient interêt au repos de l'Italie. Cependant comme ils commençoient à respirer, ils se virent menacez d'un fleau encore plus redoutable que la Guerre, la peste, qui s'étoit allumée devant Casal, parmi les soldats qui avoient été employez à ce Siége, à cause de la misére qu'ils y avoient soufferte, & principalement parce qu'au lieu d'une bonne nourriture, ils n'y avoient mangé que des fruits avant qu'ils fussent en maturité, ce qui est une espece de poison par tout, & sur tout en ce païs-là: la peste, dis-je, qui s'étoit allumée parmi les Troupes, se répandit bien-tôt dans le Montferrat, & passa ensuite dans la Lombardie, dont les Allemans & les Imperiaux prenoient le chemin pour se retirer chacun dans leur païs.

Ce qui contribua beaucoup à leur retraite & à y faire consentir l'Empereur & le Roi d'Espagne, qui étoient extrémement unis d'interêt & d'amitié, & dont les liens ne faisoient encore que serrer plus étroitement ceux par lesquels ils étoient déja attachez l'un à l'autre par le même sang dont ils étoient formez; c'est que Gustave-Adolphe Roi de Suéde, aprés avoir déclaré la Guerre à l'Empereur, étoit entré en Allemagne à la tête d'une belle Armée. Le Roi avoit envoyé auparavant vers ce Prince le Pere Joseph, afin de le porter à ce qu'il faisoit presentement, & comme le prétexte ne manque jamais aux Puissances qui veulent en venir à une rupture avec leurs voisins, Sa Majesté Suedoise avoit publié un Manifeste, par lequel, entr'autres griefs, Elle se plaignoit que l'Empereur, sans aucune consideration pour Elle, avoit ravagé n'aguéres le territoire de Stralsunt, Ville de Pomeranie, qui s'étoit mise sous sa protection; Bogeslas Duc de cette Province, Prince dont les forces étoient trop foibles pour oser se mesurer avec l'Empereur, s'étoit bien gardé jusques-là d'entreprendre rien contre lui; mais se voyant appuyé par le Roi de Suéde, avec qui il avoit fait une alliance offensive & deffensive, il ne craignit plus de se déclarer.

Il avoit bien été permis au Roi de porter Sa Majesté Suedoise à déclarer la Guerre à l'Empereur, puisque Sa Majesté Imperiale, de

concert

concert avec le Roi d'Espagne, ne laissoit échapper aucune occasion d'exciter des troubles dans son Royaume, qu'il ne les embrassât avec chaleur. C'étoit par les menées de ces deux Princes que le Duc de Rohan s'étoit déja déclaré tant de fois contre lui; d'ailleurs tous les Huguenots de France en general, qui à cause de la protection de l'Empereur & de celle du Roi d'Espagne, qui étoit toute la même chose étoient toûjours prêts à remuër malgré la perte de la Rochelle, obligeoient le Roi à se tenir continuellement sur ses gardes, afin de ne pas être surpris. Cependant il fut plus difficile à l'Empereur de se retirer de cette affaire, qu'il ne fut au Roi de se mettre à couvert des méchans desseins de ses Sujets rebelles. Le Roi de Suede n'eut pas plûtôt réüssi dans quelques entrepriſes qu'il fit pour ſon coup d'eſſai; que comme l'Allemagne où il avoit porté la Guerre, eſt diviſée en quantité d'Etats, dont les uns ſont Catholiques & les autres Proteſtans, la plûpart des Princes qui commandoient à ces derniers, ſoit par raport de leur Religion avec celle du Roi de Suede, ou parce qu'ils avoient quelque ſujet de mécontentement contre l'Empereur, ils prirent le parti de Sa Majeſté Suedoiſe.

La Déclaration du Roi de Suede, & la défection de quantité de Souverains, dont les Etats faiſoient partie de l'Empire, embaraſſerent fort Sa Majeſté Imperiale à qui d'ailleurs il étoit arrivé une affaire, qui quoi-qu'elle ne parut pas ſi conſiderable, ne laiſſoit pas de l'intriguer. Walſtein homme d'eſprit, & encore d'une plus grande ambition, commandoit ſon Armée en Allemagne, où comme l'argent lui manquoit ſouvent pour la paier, il étoit obligé de permettre à ſes Soldats bien des choſes qui excitoient de grandes plaintes contre lui parmi les peuples. Les Princes à qui ces peuples obéïſſoient, trouvoient cela fort deſagréable, & ayant envoyé tout exprés à Vienne pour s'en plaindre, leurs Députez le firent d'une maniere à faire craindre à l'Empereur que s'il n'y donnoit ordre promptement, chacun l'alloit abandonner & prendre le parti de ſon ennemi : cela l'obligea d'ôter le commandement de ſon Armée à Walſtein, & comme ce Général, en permettant à ſes Soldats de piller l'Allemagne, avoit eu la meilleure part du butin, il ſe retira à Pragues, Capitale de la Bohême, où il vécut avec une magnificence qui ſentoit plûtôt le Souverain que le particulier. Cependant comme le Palais qu'il habitoit, ne lui sembloit pas assez beau pour le loger, il en fit élever un beaucoup plus superbe sur les ruïnes de plus de cent maisons, qu'il fit abatre, afin de le rendre digne de la profusion dans laquelle il s'attendoit de vivre. Ce luxe qui ne régnoit chez lui qu'aux dépens du sang des peuples, dont il s'étoit engraissé, donna un nouveau sujet de se plaindre. L'Empereur prit bien moins de part à ces plaintes, qu'à ce que plusieurs Officiers avoient quitté son service, lorsque Walstein avoit été déposé. Ils l'avoient suivi à Pragues, où il donnoit bouche à cour à ceux qui en avoient besoin, pendant que les autres qui avoient dequoi subsister, ou par le secours qu'ils tiroient de chez eux, ou parce qu'ils s'étoien engraissés par le pillage de l'Allemagne, se contentoient de lui faire leur Cour sans vouloir lui être à charge. Comme Walstein voyoit plus clair que les autres, à cause qu'il avoit plus d'esprit, il jugeoit que l'Armée, dont il avoit été obligé de quitter le commandement, se dégoûteroit bien-tôt des Generaux que l'Empereur lui avoit donnez, parce qu'ils voudroient la faire vivre avec plus de discipline qu'elle ne faisoit sous lui; qu'ainsi ne leur obéïssant qu'à regret, cela seroit cause qu'ils n'auroient pas grand succez dans leurs entreprises; ce qui obligeroit l'Empereur de lui redonner le commandement qu'il lui avoit ôté.

Pendant qu'il se repaissoit de cette esperance, & que ceux qui s'étoient attachez à lui s'en repaissoient pareillement, Tilli & Pappenheim, qui avoient été mis à sa place, se trouverent trop foibles pour résister au Roi de Suede, & ce Prince se rendit si fameux en moins de rien par tout où il porta ses pas, que ceux qui auparavant étoient le plus attachez à l'Empereur, furent obligez de rechercher son alliance, pour éviter la désolation de leurs païs. Tout ce qu'il y eut de Princes qui oserent lui résister, s'en repentirent bien-tôt par le sac de leurs plus fortes places. Le Duc de Saxe en partie par la crainte qu'il avoit de ses armes, & en partie aussi à cause de la conformité qu'il y avoit de sa Religion à la sienne, embrassa son parti hautement, quoi-qu'il eut promis auparavant à l'Empereur de soûtenir ses interêts jusqu'au dernier soûpir. Le manquement de sa parole déplût à Sa Majesté Imperiale; ensorte qu'il envoya ordre à Tilli & à Pappenheim d'assieger Leipsick, Ville capitale de ses Etats.

L'occasion en étoit belle, le Roi de Suéde étoit alors dans la Pomeranie, d'où il avoit chassé les Troupes Impérialles. Tilli & Pappenheim ayant donc mis le Siége devant cette Ville, & ayant été obligé de se rendre avant que Gustave, qui accouroit à son secours, pût y arriver; à peine les Imperiaux avoient-ils eu le tems de se reposer pendant trois jours que ce Prince arriva en leur presence, résolu de leur donner combat. Ils ne le refuserent point, parce que leur Armée étoit encore Superieure à la sienne; quoiqu'il l'eut grossie de quelques Anglois, qui avoient débarqué en Pomeranie pour se joindre à lui; mais comme ce n'est pas le nombre qui donne la victoire, & que c'est bien plûtôt la valeur des Officiers & des Soldats, conduits par un bon Général. Les Imperiaux perdirent la bataille, avec huit mille hommes qui leur furent tuez sur la place, & guéres moins de prisonniers.

Une si grande Victoire mit le Roi de Suede en état d'entreprendre tout ce qu'il voudroit ; aprés avoir repris Leipsick & obligé la plus grande partie des Princes qui ne s'étoient pas encore déclarez pour lui, de venir lui demander sa protection, il tint Conseil de Guerre, pour résoudre de quel côté il conduiroit son Armée. Le Pere Joseph qui s'étoit trouvé à la bataille monté sur un bon cheval, ayant deux pistolets à l'arson de la selle, mais sous un autre habit que celui qu'il portoit dans son Convent, fut de ce Conseil, où comme il étoit habile & qu'il se faisoit écouter, il ne fut pas obligé de dire quand il en sortit ce qu'avoit dit quelque tems auparavant le Marquis de la Vieuville en entrant au Conseil du Roi ; où il assistoit en qualité de Surintendant des Finances. Un homme d'affaire l'étant venu solliciter d'y parler pour lui, & lui ayant dit : *Vous pouvez, Monseigneur, me rendre service dans le cas dont il s'agit, vous qui ètes du Conseil des Finances, & même qui en êtes le Chef à cause de vôtre Charge. Il est vrai*, lui répondit-il, *que j'y entre, mais il n'est pas vrai pour cela que j'en sois mieux écouté ; cherchez un autre Patron, si vous me croyez ; car si vous vous fiez à mon crédit, vous avez bien la mine de vous en repentir.* Il parloit de la sorte, parce qu'il avoit vent qu'il seroit bien-tôt disgracié ; ce qui ne manqua pas aussi d'arriver comme il le prévoyoit. Or le Pere Joseph ne pouvoit pas dire la même chose en parlant de lui-même ; il se fit prêter attention quand il vint à dire son sentiment dans le Conseil dont je viens de parler ; il y dit de quelle maniere ce Prince se devoit prendre pour se faire un passage qui le pût conduire jusqu'au Rhin, afin que le Roi le pût secourir dans l'occasion, & qu'il pût de même secourir le Roi quand il auroit besoin de ses forces. Le Colonel Hebron, qui assistoit à ce Conseil, l'interrompit alors pour lui demander par où il prétendoit que les Troupes marchassent pour pouvoir arriver jusques-là, sans y trouver de la difficulté. Le Pere Joseph l'entendant parler de la sorte, prit une carte, & lui montrant avec son doigt où étoient les rivieres qu'il faudroit passer, le Colonel reprit la parole & lui dit, moitié François, moitié Allemand, car il ne savoit pas parler autrement à un François : *Mr Joseph, Mr Joseph, il n'y auroit rien de plus aisé que ce que vous dites, si le bout de vôtre doigt étoit un pont, nous passerions pardessus; & nous nous trouverions ainsi tout-d'un-coup au-delà des rivieres, que vous nous faites voir, que nous aurons à passer; mais comme par malheur ce n'en est pas un, & que sans un grand nombre de bâteaux pour faire des ponts, qu'il nous faudra chercher & que nous aurons peine à recouvrer, parce que les Généraux des ennemis les feront brûler pour nous empêcher de nous en servir, je juge qu'il est bien dangereux de suivre vôtre avis.*

Le Roi de Suede le suivit pourtant, nonobstant toutes les dificultez qu'il pouvoit y avoir, & la plus-part des Villes qui étoient sur son passage lui ayant ouvert les portes sans qu'il fut obligé de les y contraindre par un Siége, il ne s'arrêta en chemin qu'autant de tems qu'il lui en falloit pour rafraîchir ſes Troupes, & pour exiger des contributions qu'il tiroit de tous côtez. Il arriva ainſi juſqu'à la vûë de Mayence, qu'il fit ſommer de ſe rendre, la menaçant que ſi elle l'obligeoit de tirer un ſeul coup de canon, il en donneroit le ſac à ſes Soldats. Le Clergé de cette Ville ſe trouva bien embaraſſé à cette menace; car ſi d'un côté il en apprehendoit l'effet, il entendoit d'un autre dire tant de choſes de la fureur & de l'avarice de cette Armée, principalement envers les Eccleſiaſtiques qu'ils rançonnoient de grande force, qu'il ne ſçavoit à quoi ſe réſoudre. L'Envoyé que le Roi avoit dans cette Ville tâcha de ménager auprés de Sa Majeſté Suedoiſe l'interêt de ſes habitans; mais comme elle vouloit faire ſubſiſter ſes Troupes aux dépens de ſes conquêtes, elle leur lâcha la main, ensorte qu'elles la pillerent entierement, elles s'attacherent sur tout à dépoüiller les Eglises de leurs richesses, elles prirent entr'autres choses dans la Cathedrale un Crucifix d'une valeur inestimable. Il étoit d'or massif, grand au naturel, & fait par un si habile ouvrier, que l'art le rendoit encore plus précieux que la matiere. Les Suedois non contens de ces desordres, voulurent encore chasser le Clergé de cette Ville ; l'ordre même en avoit déja été expedié, mais le Roi le fit révoquer dans le tems qu'il étoit prêt de s'executer.

Le Duc de Saxe qui agissoit d'un autre côté pour les interêts du Roi de Suede aprés être entré en Bohême, qu'il saccagea d'un bout jusqu'à l'autre, mit le siége devant Pragues. Walstein ne jugea pas à propos de s'y laisser enfermer ; il en emporta toutes ses richesses, & s'étant retiré en lieu de sûreté, l'Empereur qui ne savoit plus, pour ainsi dire, ou donner de la tête, aprés une si grande desolation de l'Empire, ne voyant point d'autre moien de rétablir ses affaires que de lui redonner le commandement de son Armée, envoya le lui offrir jusqu'où il étoit. Il fit mine de n'en point vouloir, afin de faire ses conditions meilleures, & l'Empereur ayant été obligé d'en passer par où il vouloit, on ne sçût plus dans l'Empire qui en étoit le maître, ou de l'Empereur ou de lui.

La France avoit fait un grand coup d'avoir obligé les troupes de la Maison d'Aûtriche de sortir de Casal, & s'étant accommodée en même tems avec le Duc de Savoye, tout ce que nous avions de monde en Italie, vint en France, excepté ce qui étoit necessaire pour la conservation de Casal. Sa Majesté avoit promis au Duc, par un Traité fait avec lui, de lui rendre Pignerol & ses autres Conquêtes; mais il y avoit un Article secret, par lequel le Duc devoit vendre cette Place à Sa Majesté. Il est donc sans difficulté que n'ayant plus rien qui nous fit de la peine en ce païs-là, nous étions en état de profiter des grands avantages que le Roi de Suede remportoit en Allemagne; mais la mes-intelligence qui regnoit toûjours dans la Maison Royale, nous en ôta les moyens; la Reine mere qui n'avoit fait qu'un accomodement plâtré avec le Cardinal, avec qui il étoit, sûr qu'elle ne vivroit jamais bien, tant qu'il auroit toute l'autorité entre les mains, avoit tant fait envers le Duc d'Orleans, que tout-d'un-coup il avoit quitté la

Cour, ſous prétexte de quelque mécontentement. Il ſe retira à Orleans, pendant que cette Princeſſe s'en fut à Compiégne, ſans en rien dire à perſonne. Quoi-qu'ils euſſent pris tous deux un chemin ſi different, le Roi ne douta nullement que leur retraite ne fut un effet de leur intelligence; cependant apprenant que quantité de perſonnes de conſideration, qui étoient toutes auſſi mal-intentionnées que le Duc, l'étoient allé trouver à Orleans, d'où ils avoient pris enſemble le chemin de la Bourgogne, qu'ils prétendoient faire révolter; il s'achemina lui-même dans cette Province, qu'il retint dans le devoir par ſa preſence. Dijon ouvrit les portes à Sa Majeſté, quoi-qu'elle eut promis au Duc, qui y avoit paſſé en allant à Bellegarde, d'embraſſer ſes interêts. Le Duc ſçachant que Roi étoit entré

en

en Bourgogne, n'attendit pas qu'il fut arrivé à Dijon pour ſortir de cette Province, il quitta Bellegarde, & aprés avoir paſſé à Auronne, où il n'oſa pareillement s'arrêter, quoi-que celui qui y commandoit fut d'intelligence avec lui, il entra dans la Franche-Comté, dont le Gouverneur lui fit tous les honneurs imaginables. Il n'avoit garde d'y manquer, lui qui ſçavoit que la Reine-mere & lui avoient traité avec le Roi d'Eſpagne, à qui appartenoit alors cette Province. Ce Gouverneur vint au devant de lui jusqu'à trois lieuës de Dole, où les Gouverneurs de la Comté faiſoient leur demeure en ce tems-là, comme étant la Capitale du païs; au lieu que c'eſt aujourd'hui Beſançon qui l'eſt devenuë, & ce changement eſt cauſe qu'on y a transferé le Parlement; enſorte qu'il ne lui reſte plus de ſon ancienne ſplendeur, que la Chambre des Comptes, qu'on y a laiſſée. Le Duc ne s'arrêta ni à Dole ni à Beſançon, & ayant paſſé en Lorraine, le Duc de ce nom lui donna retraite dans ſes Etats, contre l'intention de Sa Majeſté.

Pendant que le Roi étoit à ce voyage, il avoit donné ordre d'obſerver la Reine-mere qui étoit toûjours à Compiegne; mais cette Princeſſe ayant mis dans ſes interêts ceux en qui Sa Majeſté avoit le plus de confiance, elle en partit pour s'en aller en Flandres, ſans que perſonne ſe mit en devoir de l'en empêcher. Les Gouverneurs des Places, par leſquelles il falloit de toute néceſſité qu'Elle prit ſon chemin, au lieu de s'oppoſer à ſon paſſage, favoriſerent ſecretement ſon évaſion; ainſi ſans qu'il lui arriva aucun trouble, elle ſe rendit à Mons, d'où elle s'achemina à Bruxelles, où le Gouverneur des Païs-bas, plus il la connoissoit portée à broüiller l'Etat, plus il s'efforça de lui faire honneur.

Le Roi ne sçût pas plûtôt que le Duc de Lorraine avoit été au-devant du Duc d'Orleans jusques à Espinal, d'où il l'avoit conduit à Nanci, sans se mettre autrement en peine si Sa Majesté approuveroit son procedé, que Mr le Cardinal eut ordre d'envoyer quelqu'un en ce païs-là, pour lui témoigner que Sa Majesté n'étoit pas contente de sa conduite. Comme j'avois déja été dans cette Cour, Son Eminence jetta les jeux sur moi pour me donner cette commission. Je dis au Duc ce que j'avois ordre de lui dire, sçavoir qu'il eut à porter le Duc d'Orleans à se ranger à son devoir, & à s'en retourner à la Cour, ſinon que Sa Majeſté s'en prendroit à lui de tout ce qu'il entreprendroit contre ſon ſervice. Le Duc ne fit pas grand cas dans le fonds de tout ce que je lui pûs dire, quoi-qu'il me donnât de belles paroles. Le Duc d'Orleans, lui avoit fait part des troubles qu'il prétendoit exciter dans le Royaume, avant qu'il fut peu; ce qui lui faiſoit eſperer que le Roi ne ſeroit pas en état de lui faire tout le mal dont il ſe voyoit menacé. Pendant que le Duc d'Orleans étoit ainſi à Nanci, il y vit la Princeſſe Marguerite, ſœur du Duc de Lorraine; c'étoit une belle Princeſſe, mais peu animée; deſorte qu'une moins belle qu'elle n'étoit, auroit eu au goût de pluſieurs, plus de charmes qu'elle n'en avoit; mais le Duc d'Orleans n'ayant pas laiſſé d'en devenir amoureux, ſon amour s'accrût à un point qu'il l'épousa secretement, du consentement de son frere. Tous ceux qui l'avoient suivi en Lorraine y firent l'amour à son exemple, & Puislaurens, qui étoit son Favori, ayant trouvé la Princesse de Pheltbourg à son gré, lui promit de l'épouser, quoi-qu'il n'en eut guéres d'envie; cette promesse fit qu'elle l'aima de meilleure foi qu'elle n'en étoit aimée, dont peu s'en fallut qu'il ne lui en coûtât la vie, quand elle s'aperçût qu'il lui en avoit fait accroire: c'est ce que je raporterai en tems & lieu.

Le Roi ayant sçû la réponse que le Duc de Lorraine m'avoit faite, & jugeant de-là qu'il n'avoit pas grande envie de le satisfaire, il envoya contre lui une Armée sous la conduite des Maréchaux de la Force & de Schomberg. Ils assiégerent Moyenwic, & s'en étant emparez en moins de rien, le Duc, pour ne pas voir tomber tout son païs sous l'obéïssance du Roi, à qui il étoit trop foible pour pouvoir résister, prit le parti de le venir trouver à Mets, où il tâcha de s'excuser de l'azile qu'il avoit donné au Duc d'Orleans dans ses Etats. Le Roi lui parla du Mariage secret de sa sœur, dont il lui étoit revenu quelque chose, sans en être neanmoins encore assûré. Le Duc lui nia le fait, & ayant offert au Roi de lui remettre entre les mains la Ville de Marsal, pour gage de sa fidelité, Sa Majesté convint avec lui de lui pardonner sous cette condition, & s'étant avancée jusqu'à Wic, ce Traité y fut conclu le 13. Janvier 1632.

Avant que le Duc vint trouver le Roi à Mets, afin de lui pouvoir dire qu'aprés avoir sçû sa volonté au sujet du Duc d'Orleans, il n'avoit pas voulu le garder davantage dans ses Etats, il avoit conseillé à ce Duc d'aller trouver la Reine sa mere à Bruxelles. Le Duc y étoit allé pendant que j'eus ordre de Mr le Cardinal de me rendre à Mets en toute diligence, Son Eminence étoit alors avec Sa Majesté. Le même jour que j'arrivai dans cette Ville, il y vint des Envoyez des Electeurs Catholiques & des autres Princes de l'Empire de la même Religion, pour demander au Roi sa protection dans l'état present où les affaires d'Allemagne étoient réduites. Ils y eurent Audience de Sa Majesté & de Mr le Cardinal, & Son Eminence m'ayant ensuite fait avertir de l'aller trouver dans son cabinet, Elle me donna ses ordres pour l'affaire qui étoit cause qu'Elle m'avoit mandé. Ce Ministre qui se doutoit que le Duc d'Orleans n'étoit pas sorti du Royaume sans avoir dessein d'en troubler le repos, à force d'approfondir ce Mistere, trouva à la fin qu'il avoit lieu de se défier du Duc de Montmorenci, qui fâché de ce qu'il avoit fait supprimer la Charge d'Amiral, dont il étoit revétu, & qu'il s'étoit enrichi de ses dépoüilles sous le tître qu'il s'étoit fait donner de Chef & de Surintendant de la Navigation, qui à proprement parler n'étoit autre chose que d'être Amiral, avoit résolu de le faire repentir de lui avoir fait cette piece. Il s'étoit lié pour cela avec la Reine-mere & avec le Duc d'Orleans, ausquels il avoit conseillé de traiter avec les Espagnols; & il devoit ensuite faire soûlever le Languedoc, dont il étoit toûjours Gouverneur. Le Duc d'Orleans déféra à son avis; il envoya en en Espagne une personne de confiance à qui il ordonna de s'aboucher avec le Duc de Montmorenci en allant & en revenant. Mr le Cardinal, soit qu'il fut averti de ce qui se passoit, comme il y a beaucoup d'aparence, ou qu'il s'en défiat seulement, avoit déja envoyé dans le Roussillon, par où il sçavoit que passoient les Couriers du Duc d'Orleans & ceux du Duc de Montmorenci, qui en envoyoit aussi en Espagne, un nommé la Feüille, pour prendre garde à ceux qui iroient ou qui reviendroient de ce païs-là. La Feüille avoit un habit tout déguenillé, & il étoit à l'entrée du col de Bagnols du côté de la Catalogne, demandant l'aumône aux passans, & tenant à la main des fouëts propres pour les Couriers, comme s'il se fut tenu-là pour les vendre à ceux qui en auroient besoin. Ce la Feüille étoit un homme en qui Mr le Cardinal avoit une confiance toute particuliere : il parloit, Allemand, Italien, Espagnol, Anglois & Flamand, tout comme il faisoit sa langue naturelle, qui étoit la Françoise, lui & Sauvé étoient les deux personnes que Son Eminence employoit plus volontiers dans les affaires secretes, Elle étoit également persuadée de leur adresse & de leur fidelité pour s'en être servie en plusieurs rencontres, & pour les connoître de longue main, ils avoient porté tous deux sa livrée du tems qu'Elle étoit encore bien éloignée d'être ce qu'Elle étoit; mais ils n'en étoient pas moins habiles ni moins honnêtes gens, du moins à ce qu'Elle croyoit; c'étoit tout ce que Mr le Cardinal demandoit pour l'usage qu'il en vouloit faire : mais tout habile qu'il étoit, il n'étoit pas toûjours infaillible dans le jugement qu'il portoit d'une personne. Si Sauvé eut été en France lorsque Son Eminence me commanda de l'aller trouver à Mets, Elle n'auroit pas songé à moi pour l'affaire dont elle avoit dessein de me charger, Elle se seroit adressée à lui ; mais il étoit allé en Portugal par son ordre, & elle ne le tenoit pas-là pour rien. Le sujet pour lequel elle me mandoit, étoit pour me faire faire le même personnage à l'entrée du col de Pertus, que la Feüille faisoit à l'entrée du col. de Bagnols : comme ce sont deux passages pour venir de Catalogne en Roussillon, & que quand il passoit des Couriers qui venoient de Madrid & qui s'en alloient à Perpignan, Capitale du Roussillon, qui appartenoit alors au Roi d'Espagne, il falloit de toute necessité qu'ils passassent par l'un de ces deux cols.

Il étoit important de garder l'un aussi-bien que l'autre, parce que l'on ne savoit pas par lequel passeroient les Couriers du Duc d'Orleans & du Mr de Montmorenci. Mr le Cardinal avoit eu avis que depuis quelque tems ils en envoioient secretement en Espagne (c'étoit d'ordinaire des Couriers differens, afin qu'ils ne fussent pas reconnus si facilement :) comme ce ne pouvoit être qu'à mauvaise intention, Son Eminence vouloit, s'il étoit en son pouvoir, découvrir à quel sujet il les faisoit passer en ce païs là ; c'est pourquoi il nous avoit donné ordre, à la Feüille & à moi, de les guetter si-bien, qu'ils ne nous pussent échaper.

J'ai raison de dire que Mr le Cardinal faisoit guetter ces Couriers, puis qu'outre que la Feüille n'étoit à l'entrée du col de Bagnols que pour cela, & que j'allois être à l'entrée de celui de Pertus pour la même chose, il avoit mis encore bien d'autres espions en campagne pour le même sujet. Il y en avoit un habillé en Hermite auprés de Châtillon, au-dessus d'où je devois être, & il avoit ordre de prendre garde non-seulement à tous les allans & à tous les venans, mais encore de nous aporter à manger à la Feüille & à moi, afin que jour & nuit nous ne desemparassions pas de nôtre poste: c'est pourquoi la Feüille s'étoit dressé, où il étoit, une petite baraque pour se mettre à couvert des injures du tems, & j'en devois faire autant quand je me serois rendu au col de Pertus.

Il y avoit aussi plusieurs autres espions distribuez depuis Perpignan jusqu'à Montpellier, où étoit alors le Duc de Montmorenci; cependant quoi qu'ils paruſſent être plus en ſûreté que la Feüille & moi, à cauſe qu'ils étoient en France, où les ordres du Roi ont coûtume d'être reverez, & que nous étions en païs ennemi. Je ne ſais neanmoins qui auroit eu plus à craindre ou d'eux ou de nous, ſi l'on eut ſçû à quelle intention ils faiſoient ainſi le pié de gruë. Le Duc de Montmorenci étoit tellement aimé dans ſon Gouvernement, que je ne doute point que ſi les habitans de cette Province euſſent ſçû leur deſſein, ils ne les euſſent déchirez en mille piéces.

Mr le Cardinal m'aiant donné ſes ordres, je partis de Mets & fus en poſte juſqu'à Lyon. De Lyon, je m'embarquai ſur le Rhône, & étant déцendu au S. Eſprit dans mes habits ordinaires, je feignis là d'être tombé dans la néceſſité, afin d'avoir prétexte d'en changer aprés que je les aurois vendus. J'en acheté-là un méchant, & m'étant tout barboüillé le visage, de peur d'être reconnu dans les Villes du Languedoc où j'avois à passer, je me rendis à Locates, qui étoit alors une Place de Guerre, laquelle a été rasée à la Paix des Pirenées. Lors que j'étois parti de Mets, je n'avois reçû pour toute instruction de Mr le Cardinal que de quiter mes habits au S. Esprit, & d'en prendre de méchans pour m'en aller à Locates, où Son Eminence m'avoit dit que je trouverois ses ordres chez Madame de S. Aunais. Madame de S. Aunais, dont le mari avoit été Gouverneur de cette Place, y commandoit par une grace toute particuliere du Roi qui n'a jamais été faite à aucune femme qu'à elle : elle y avoit la même autorité que son mari avoit eûë de son vivant. C'étoit une récompense que le Roi lui avoit donnée pour une action heroïque qu'elle avoit faite, & qui plus est, elle avoit quelque chose au-dessus d'une femme, & même au-dessus de tout ce qui se peut dire des hommes les plus courageux. Plus elle meritoit d'être admirée; les Espagnols ayant assiégé Locates du vivant de son mari, & l'ayant fait prisonnier dans une sortie qu'il fit à la tête de la plus grande partie de sa garnison, par un excez de courage qu'on ne peut louër dans un homme comme lui, puisqu'en qualité de Gouverneur, il ne devoit point sortir de sa Place, ils ne l'eurent pas plûtôt entre les mains, qu'ils envoyerent dire à sa femme que si elle ne leur livroit les portes de la Ville, ils alloient le faire pendre devant ses yeux. Elle leur fit réponse qu'elle les croyoit trop honnêtes gens pour se vouloir deshonorer par une action comme celle-là, & ayant congedié un Trompette qui étoit venu de leur part lui faire ce compliment, à peine étoit-il à vingt pas de la Ville qu'elle fit faire une sortie sur la tranchée. Le succez en fut tel, qu'aprés avoir tué deux cens hommes sur la place & mis les autres en fuite qui venoient pour repousser ceux qui avoient si bien fait leur devoir, la plus grande partie des travaux furent renversez; desorte que les assiégeans furent obligez de les recommencer.

Ils en eurent tant de dépit, qu'aprés avoir renvoyé faire à Madame de Saint-Aunais les mêmes menaces qu'ils lui avoient déja faites, sans qu'elle s'en laissât ébranler plus qu'elle avoit fait auparavant, ils firent dresser une potence à la vûë de la Ville. Ils y amenerent son mari, & lui ayant fait dire, pour la troisiéme fois, que si elle vouloit lui sauver la vie, elle n'en avoit point d'autre moyen que de se rendre sans differer d'un moment : elle n'en voulut rien faire, soit qu'elle crût qu'ils ne seroient pas assez passionnez pour commettre une action si barbare, ou qu'elle préférât le service du Roi à tout ce qu'elle avoit de plus cher. Son mari ayant ainsi fini sa vie par une mort si infâme, mais dont l'infâmie retournoit plûtôt sur ceux qui étoient cause de son malheur, que sur lui, le Roi ne ne sçût pas plûtôt ce qui venoit de se passer, que pour récompenser le zéle que Madame de Saint-Aunais avoit témoigné pour son service, il lui accorda ce Gouvernement, sans considerer que ces sortes d'emplois n'étoient pas pour une personne de son sexe. Cependant comme le mari lui même avoit envoyé à sa femme un Soldat de sa Garnison, qui avoit été fait prisonnier avec lui, pour lui dire qu'elle faiſoit bien de préférer le ſervice du Roi à ſa vie, Sa Majeſté en memoire d'une ſi grande generoſité & à la conſideration de ſa femme, rendit ce Gouvernement hereditaire à ſes décendans de mâle en mâle ; & s'ils n'en ont pas joüi, ou du moins de quelque grace équivalente, aprés que cette Place fut raſée, c'eſt que le fils de cette Dame, qui aprés ſa mort avoit été pourvû de ce Gouvernement, s'en rendit indigne, en voulant, pour ainſi dire, preſcrire au Roi ce qu'il devoit faire pour lui. Il le fit même avec ſi peu de reſpect pour Sa Majeſté & pour ſon Miniſtre, qu'il fut envoyé à la Baſtille ; d'où étant ſorti quelque tems aprés, il s'en fut ſervir en Eſpagne, où il fut fait General de la Cavalerie ; emploi que les Eſpagnols lui conſerverent juſqu'à ſa mort. Ils n'auroient eu garde de permettre au Soldat, dont je viens de parler, d'aller trouver Madame de Saint-Aunais, s'ils eussent sçû ce qu'il avoit à lui dire de la part de son mari; mais comme ils s'imaginoient qu'il ne le lui envoyoit que pour la conjurer de lui sauver la vie, ils y donnerent les mains sans s'en faire prier.

Aprés que j'eus reçû à Mets les ordres que je viens de dire de Mr le Cardinal, je ne fus pas plûtôt arrivé à Locates, que la Garde, qui étoit à la porte, me conduisit chez le Major de la Place, comme il se pratique à l'égard de tous ceux qui passent dans une Place de Guerre. J'avois ordre de Mr le Cardinal, quand on m'y auroit conduit, de me reclamer de Madame la Gouvernante, afin qu'il me fit mener chez elle, devant qu'il voulut s'en donner la peine. Il me demanda qui j'étois, & d'où je venois. Je lui dis que je venois de Paris, & que j'étois le fils de la nourice de Madame la Gouvernante. A ces mots, il m'y fit conduire par un Soldat, & lui ayant été annoncé pour tel que je m'étois donné au Major, elle me fit entrer dans ſa chambre, parce qu'elle ſavoit bien qui j'étois, Mr le Cardinal lui avoit mandé de quelle maniere je m'introduirois auprés d'elle. Elle y étoit donc toute préparée; auſſi me demanda-t-elle en entrant des nouvelles de ma mere, afin que ſi le Major entendoit parler de la reception qu'elle m'auroit faite, il ne ſe doutât de rien. Tant qu'il y eut du monde avec elle, elle me parla toûjours ſur le même ton, & comme il y en eut toute la journée, elle ne me rendit les dépêches qu'elles avoit reçûës pour moi de Mr le Cardinal, que lors qu'elle fut prête de ſe coucher. Je mangeai à la cuiſine avec ſes domestiques, & m'ayant gardé par politique quatre jours chez elle, de peur que si elle me renvoyoit plûtôt, on ne trouvât étrange qu'elle se défit en si peu de tems d'un homme qui lui devoit être plus cher, comme étant le fils de sa nourice: je lui demandai moi-même mon congé, aprés avoir dit dans la cuisine que je m'ennuyois trop d'être ainsi renfermé pour demeurer-là plus long-temps.

Je fus exprés à Salles, où il me falloit passer tout auprés; de peur qu'en voulant l'éviter, le Gouverneur ne fit courir aprés moi. J'y fus en mendiant; desorte que la Garde aprés m'avoir donné l'aumône, me laissa passer sans me mener à personne, & même sans me demander ni du pays d'où j'étois, ni où j'allois. Comme les deux Couronnes n'étoient pas en guerre en ce tems-là, on n'y prenoit pas garde de si prés qu'on auroit fait dans un autre tems. En effet, il n'y auroit entr'elles aucune rupture ; & ce qui s'étoit passé en Italie, où elles n'avoient pas laissé de paroître en armes l'une contre l'autre, n'étoit qu'au sujet de l'Empereur, qui prétendant que Casal, aussi-bien que tout le Montferrat ; étoit un Fief relevant de l'Empire, ne vouloit pas permettre que cette Place demeurât entre nos mains. A Perpignan on me laissa passer, comme on avoit fait à Salles ; & étant entré aprés cela dans la petite plaine du Roussillon, je m'avançai vers le col de Pertus, qui est à l'extrêmité de cette plaine. Comme le Château de Bellegarde, qui est sur une éminence, tout auprés de ce col, n'y étoit pas en ce tems-là, & qu'il n'a été bâti que depuis la perte que les Espagnols ont faite du Rousſillon, je n'eus plus rien à aprehender quand j'eus paſſé Perpignan.

J'avois fait proviſion de fouëts en paſſant par cette Ville, & m'étant dés le même jour avancé à moitié chemin d'où étoit la Feüille, je mis ſous une groſſe pierre, que Mr le Cardinal m'avoit ſi-bien indiquée par ſes dépêches que je ne m'y pouvois méprendre, une lettre par laquelle je l'avertiſſois de mon arrivée. Il étoit néceſſaire que je lui donnaſſe cét avis, afin que l'Hermite qui étoit ſur le chemin de Châtillon, prit ſoin de me nourrir auſſi-bien que lui. Il venoit tous les jours à une certaine heure lui aporter à manger, & en y allant, il regardoit ſous cette pierre s'il n'y avoit rien de nouveau. On l'en devoit avertir par un billet, afin qu'aprés cela il prit ſes meſures touchant ce qu'on lui man-

manderoit. Il sçût donc mon arrivée dés le même jour que je me fus rendu à l'endroit où je devois dresser mon Tabernacle. J'y fis une baraque au pié de la montagne; mais comme je n'avois jamais été ni cavalier ni soldat, je la fis si mal, qu'ayant plu dés le même jour qu'elle fut faite, je fus moüillé ni plus ni moins que si j'avois été tout à découvert. Il m'y fallut donc remettre la main, & comme un aprentif n'est pas maître, j'y travaillai une douzaine de fois devant que de me pouvoir mettre à couvert des injures du tems.

Dés le lendemain que je fus-là, l'Hermite vint m'apporter dequoi manger, car il avoit été mis où il étoit, plûtôt pour subvenir aux besoins de la Feüille & de moi, que pour prendre garde aux passans. Il parloit Espagnol comme un Espagnol même ; enforte qu'il n'en re-devoit rien à la Feüille. Il n'y a-voit que moi qui n'en savois pas un mot. Il fit ce qu'il pût me l'aprendre en venant m'aporter à manger. Ce fut le seul homme avec qui je m'entretins pendant quatre mois que je restai-là ; tellement que si j'avois sçû faire des almanachs, j'aurois eu tout le tems qu'il me falloit pour m'y occuper. Il est inutile de dire que je m'y ennuyé beaucoup, toute la consolation que j'avois, c'est que j'étois persuadé que je travaillois pour un maître à qui si l'on étoit jamais si heureux que de rendre service, on pouvoit compter que sa fortune étoit faite.

Nous voyons passer, par où nous étions la Feüille & moi, assez de monde & même quelques Couriers qui alloient jusqu'en France. Nous donnions avis de tout par des lettres que l'Hermite prenoit quand il nous apportoit à manger ; il les mettoit, à ce qu'il nous disoit, sous une pierre à cent pas de l'endroit où il avoit coûtume de prendre son gîte, sans sçavoir qui avoit soin de les venir chercher. Il nous contoit même que Mr le Cardinal lui avoit défendu de sa propre bouche de le vouloir approfondir ; qu'il lui avoit ordonné pour cela, c'est-à-dire, afin qu'il ne rencontrât pas la personne qui avoit ordre de les venir prendre, de ne les porter tous les jours qu'à une certaine heure, afin apparemment de n'y pas rencontrer celui qui venoit les lever. Qu'il n'avoit jamais manqué à suivre ses ordres exactement ; ensorte que quand même il auroit sçû que Son Eminence auroit eu un genie familier pour l'avertir de tout ce qui se passoit, il n'y auroit pas été plus exact.

Je ne ſçais ce que nous operâmes ni la Feüille ni moi, par le ſoin que nous prîmes de nous tenir exactement à nos poſtes, & de lui donner avis préciſement des ſoupçons que nous pouvions prendre de ceux que nous paſſions en revûë; mais un jour que j'avois crû reconnoître un homme pour l'avoir vû à la Cour, & que j'en avois donné avis par une lettre que j'avois remis entre les mains de l'Hermite, comme je faiſois d'ordinaire quand je croiois avoir fait quelque découverte, cét homme ne fut pas plûtôt arrivé à Narbonne, qu'un eſpion qu'y tenoit Mr le Cardinal reclama l'autorité des Conſuls pour le faire arrêter, lorſqu'il étoit à la poſte pour changer de cheval. Un des Conſuls qui demeuroit auprés de la porte par où l'on va de Narbonne à Beſiers, entendant dire à cet homme qui reclamoit son autorité, qu'il étoit à Mr le Cardinal, & que c'étoit de sa part qu'il lui faisoit cette demande, commanda en même tems qu'on fermât la porte de la Ville, parce que c'étoit par-là que le Courier devoit passer; il fut obéï en même tems : mais d'abord que le Courier parut, le Consul fit signe de l'œil au portier d'ouvrir la porte, & le Courier étant passé, tout ce que pût faire l'homme qui lui avoit fait cette demande, fut de dire au Consul qu'il répondroit à Mr le Cardinal de ce qui venoit d'arriver. Il se retira chez lui, aprés lui avoir fait cette menace, & étant sorti un quart-d'heure aprés de sa maison pour porter une lettre sous une pierre, afin de nous avertir l'Hermite, la Feüille & moi, de nous retirer d'où nous étions, parce qu'aprés avoir manqué l'homme dont je viens de parler, il ne faiſoit pas ſûr pour nous d'y demeurer davantage ; comme il s'en revenoit dans la Ville, il fut aſſaſſiné par trois hommes, qui prirent ſujet de lui faire querelle ſur un fuſil qu'il portoit.

L'Hermite à qui s'étoit adreſſé l'avis qu'on lui donnoit, tant pour lui que pour la Feüille & pour moi, ne nous l'eut pas plûtôt communiqué, que nous ſongeâmes tous trois à nous ſauver ; chacun s'en alla de ſon côté, de peur qu'étant tous trois enſemble nous en fuſſions plus reconnoiſſables. L'Hermite fut changer d'habit dans une maiſon qui lui étoit affidée, & le maître l'ayant conduit par des montagnes juſqu'à la vûë de Taraſcon, Ville de la Comté de Foix, qui eſt au pied des Pirennées, il rentra en France par-là ſans qu'il lui arrivât rien de fâcheux. La Feüille voulut faire l'eſprit fort, & aprés nous avoir dit qu'il n'y avoit rien à craindre, & que ſi nous l'en voulions croire nous nous en retournerions en France par le droit chemin. Comme il vit que ce n'étoit pas-là le ſentiment de l'Hermite ni le mien, il prit pour lui le parti qu'il nous conſeilloit de prendre ; mais je doute fort qu'il s'en ſoit bien trouvé, on n'en a jamais oüi parler depuis, ſoit qu'il ait eu quelque mauvaiſe rencontre, ou comme il eſt plus vrai-ſemblable, que celui qui étoit échapé à Beſiers, lui ait procuré lui-même la même choſe que ce qui étoit arrivé à l'eſpion de Narbonne. Pour moi, au lieu de ſonger à m'en revenir en France, je m'en allai droit à Valence, où ayant fait accroire que j'avois tué un homme en mon païs à mon corps défendant, je l'insinuai si bien à mon hôte & à tous ceux de son voisinage, que je fus-là en sûreté. Je dis aussi que c'étoit-là ce qui m'avoit obligé de m'en absenter & de m'habiller comme j'étois; ainsi aprés avoir acheté d'autres habits, ce qui ne me fut pas difficile, parce que j'avois de l'argent, je vis toutes les bonnes compagnies sans craindre qu'il m'arrivât aucun malheur. La qualité que j'avois de François ne m'en interdit pas l'entrée, parce qu'on ne me regardoit plus pour tel aprés ce que j'avois dit de moi. On croyoit que je ne pourrois plus retourner en France, aprés y avoir tué un homme; mais ayant feint un mois aprés que la curiosité me portoit à aller voir Barcelône, où j'avois appris qu'il se préparoit un vaisseau pour aller en Provence, je m'y en fus, & me rendis à Marseille heureusement.

Quand je fus-là je pris la Poste pour m'en aller à Paris, où je fus descendre chez Mr le Cardinal, à qui l'Hermite, qui y étoit arrivé, il y avoit déja plus de six semaines, avoit insinué que puisque je ne m'étois pas encore rendu auprés de sa Personne, il falloit qu'il me fut arrivé le même malheur qu'à la Feüille, Son Eminence voulut sçavoir comment je m'étois sauvé, & ce qui étoit cause que j'avois tardé si long-tems à venir. Je lui rendis compte de l'un & de l'autre, & ayant eu la bonté de me dire qu'Elle étoit ravie de me voir, & que la crainte qu'Elle avoit eûë pour l'amour de moi se trouvât dissipée par ma venuë, Elle me fit donner une Ordonnance de douze mille francs : *Voilà*, me dit-Elle, en me la remettant Elle-même entre les mains, *dequoi rafraîchir le sang que vous devez avoir tout émû aprés les allarmes que vous avez eûës.* Je l'en remerciai trés-humblement, & aprés m'être acquité de ce devoir, je m'en fus voir ma femme à qui je me donnai bien de garde d'apprendre ce qui m'étoit arrivé ; si je l'eusse fait, elle n'auroit point eu de repos lorsque Mr le Cardinal m'auroit renvoyé quelque part. J'étois bien-aise de lui épargner cette peine, croyant que c'étoit ainsi que l'on en devoit user avec une femme qu'on aimoit.

Le Duc d'Orleans avoit cela de malheureux pour lui & d'heureux pour les autres, s'ils eussent été assez sages pour en profiter, que toutes les entreprises qu'il formoit tournoient toûjours à sa confusion. Il en avoit déja coûté la tête à Chalais, pour s'être embarqué avec lui, car c'étoit à sa persuasion qu'il avoit conspiré contre l'Etat mais comme il est rare qu'on profite des fautes d'autrui, le Duc de Montmorenci aprés s'être assuré de la plûpart de la Noblesse de son Gouvernement, & même jusqu'à des Evêques, qui sans se souvenir qu'ils n'étoient redevables qu'au Roi de leur avancement, étoient prêts, pour toute reconnoissance, de sacrifier leur bien pour le service d'un Prince qui violoit les droits Sacrez de la nature, & en même tems ceux de son devoir; je veux parler du Duc d'Orleans & non pas du Duc de Montmorenci, qui n'étoit pas Prince. Aprés, dis-je, que ce dernier Duc eut mis ainsi dans ses interêts la plûpart des Grands Seigneurs & des Evêques de son Gouvernement, il se revolta contre son Souverain. Le Roi, sur l'avis qu'il eut de bonne heure de ses desseins, fit marcher contre lui le Maréchal de

Schomberg, se préparant lui-même à le suivre, aprés qu'il auroit fait repentir le Duc le Lorraine de ce qu'il avoit enfraint le Traité de Wic. Ce Duc avoit promis par ce Traité de renoncer à toutes Ligues contraires à Sa Majesté; cependant au préjudice de sa parole; il donna non-seulement passage par ses Etats au Duc d'Orleans, qui alloit joindre le Duc de Montmorenci, pour se mettre à la tête de quelques Troupes que ce Duc avoit sous son commandement; mais il lui donna encore quelques Compagnies d'ordonnance, afin de fortifier son parti. Le Duc d'Orleans ne fut pas plûtôt entré en France, que quelque Noblesse de la Bourgogne & de l'Auvergne, par où il passa pour se rendre en Languedoc, vint lui faire offre de ses services. Il n'eut garde de les refuser, & ayant joint le Duc de

Montmorenci, qui ſous prétexte de s'oppoſer à ſon paſſage, s'étoit avancé au-devant de lui, ils formérent un corps de huit mille hommes, qui ſe groſſit tous les jours par la quantité de Nobleſſe des Provinces voiſines, qui accouroit de toutes parts au ſecours des révoltez. Le Comte de la Feüillade amena lui ſeul cinq cens Gentilhommes des environs de ſes Terres, & comme la Nobleſſe en ce tems-là étoit puiſſante, & qu'elle avoit plus de réputation qu'elle n'en a aujourd'hui, le Duc d'Orleans & le Duc de Montmorenci ſe crurent invincibles aprés ce ſecours. Ils ne ſongérent donc qu'à ſe réjoüir; ce qui étoit extrémement du goût du Duc d'Orleans, qui avoit toûjours autour de lui une infinité des gens, qui par leur mauvais exemple le portoient toûjours de plus en plus à la débauche.

Le Roi ne s'amusa pas ainsi à employer si mal son tems, il mit bien-tôt à la raison le Duc de Lorraine, qui n'étant qu'un petit Prince en comparaison de lui, ne se vit pas plûtôt dépoüillé d'une partie de ses Etats, que Sa Majesté lui prit en moins de rien, qu'il fut obligé de recourir à sa misericorde. Il n'y avoit guéres de sûreté avec lui, sa coûtume étoit de tout promettre quand il voyoit que l'orage avoit fondu sur lui, ou qu'il étoit prêt à y fondre, & de ne se plus souvenir de ses promesses quand le péril étoit passé, Sa Majesté en étoit bien persuadée, Elle qui en avoit déja fait l'experience plusieurs fois, & même encore tout récemment; mais comme il y alloit de son interêt à se rendre promptement en Languedoc, où les révoltez étoient plus forts que le Maréchal de Schomberg, qui étoit prêt d'entrer dans cette Province, il pardonna au Duc de Lorraine, & fit un nouveau Traité avec lui. Le Maréchal de Schomberg ne sçût pas plûtôt ce qui se passoit de ce côté-là, qu'il hâta la marche de son Armée avec le plus de diligence qu'il lui fut possible; il avoit peur que le Roi ne lui ravit la victoire qu'il prétendoit remporter tout seul, quoi-que les forces des révoltez fussent superieures aux siennes; & étant entré dans le haut Languedoc, il s'avança du côté de Castelnaudari, où il apprit qu'ils étoient. Les deux Ducs se reposoient tranquillement sur la confiance qu'ils avoient dans la Noblesse, dont leur Armée étoit composée en partie: ainsi ils se divertissoient dans cette Ville, ne s'imaginant pas que le Maréchal osât venir les attaquer; mais la nouvelle leur en étant venuë lorſqu'ils étoient à table & qu'il y avoit plus de trois heures qu'ils y étoient, & même que le Maréchal marchoit en ſi grande diligence, qu'il n'étoit plus qu'à une lieuë & demie d'eux. Le Duc de Montmorenci monta à cheval avec quantité de perſonnes de qualité, & y ayant fait monter une partie de ſa cavalerie, il s'avança promptement avec elle, pendant qu'il pria le Duc d'Orleans de prendre ſoin de l'infanterie, qui commençoit à ſe ranger ſous ſes drapeaux. Le Duc de Montmorenci arriva ainſi en preſence du Maréchal, lorſqu'il alloit paſſer la petite riviere de .... & comme il étoit homme d'un grand courage, que d'ailleurs il étoit échaufé par la débauche qu'il venoit de faire, au lieu de ſe contenter de défendre le paſſage de la riviere, en attendant l'arrivée de ſon infanterie qui auroit tenu le Maréchal en respect, il la passa lui-même. Il ne considera point qu'il alloit s'engager, par-là dans un combat dont il ne pourroit jamais sortir à son honneur à cause de l'inégalité de ses forces. La chose ne manqua pas d'arriver, comme il le devoit prévoir, & comme il l'auroit prévûë, sans doute, s'il eut été de sang froid ; & ayant chargé d'abord, il ne fut pas long-tems sans reconnoître sa faute ; il fut blessé en voulant enfoncer un bataillon des Gardes sur lequel il s'étoit jetté l'épée à la main : sa blessure ne l'empêcha pas pourtant de le percer jusqu'au dernier rang, & ayant encore reçû quelques autres blessures, il fut envelopé par le nombre & obligé de se rendre. Le Comte de la Feüillade qui ne l'avoit jamais quitté, quoi-que le péril où il s'engagoit en eut fait retirer plusieurs autres, par le peu d'apparence qu'ils voyoient de s'en pouvoir tirer avec succez, y fut tué sur la place, avec plusieurs autres personnes de qualité.

Le Duc d'Orleans ne sçût pas plûtôt le malheur qui étoit arrivé au Duc de Montmorenci, qu'il envoya vers Sa Majesté pour la prier de lui pardonner la faute qu'il avoit faite de se révolter contre Elle. Le Roi à qui il touchoit de trop prés pour en user avec lui à la rigueur, lui accorda le pardon qu'il lui demandoit, à condition qu'il ne retomberoit plus dans la même faute. Quand ce Prince eut obtenu sa grace, il demanda celle du Duc de Montmorenci. Le Prince de Condé joignit ses prieres aux siennes en faveur de cet illustre coupable, dont il avoit épousé la sœur. Le Roi ne jugea pas à propos d'avoir égard à leurs prieres ; il crût que s'il pardonnoit à une personne qui avoit ainsi été pris les armes à la main contre lui, cela tireroit à trop grande conséquence, Sa Majesté le fit donc conduire de Leitoure, où il avoit été mené d'abord qu'il avoit été pris, à Toulouse, où on lui fit son procez. Il ne pût récuser les témoins qu'on y fit aller pour déposer contre lui, c'étoient des Officiers aux Gardes, qui en parlant contre lui ; c'est-à-dire, en disant qu'il avoit été pris en chargeant les Troupes du Roi, ne pûrent s'empêcher de loüer sa valeur jusqu'au Ciel. Saint-Preuil, qui étoit Capitaine aux Gardes, & qui quelque tems aprés eut le malheur, aussi-bien que lui, de perdre la tête sur un échaffaut, dit à propos de cela tout ce qui se pouvoit dire à l'avantage d'un brave homme. Quand on vint à l'interroger, il répondit *qu'étant à la tête du bataillon des Gardes, avec les autres Officiers de ce Regiment, il avoit vû un homme qui avoit fondu sur le premier rang, & qui aprés l'avoir enfoncé, avoit pénétré jusqu'au dernier, sans en pouvoir être détourné ni par le feu qu'on faisoit sur lui, ni par tous les braves qui s'opposoient à son passage. Qu'il avoit dit aussi-tôt à ses camarades qu'il falloit que ce fut le Duc de Montmorenci, parce qu'il n'y avoit que lui seul qui pût faire de si grands prodiges de valeur : Que ce qu'il disoit s'étoit trouvé vrai, que c'étoit lui qui avoit témoigné tant de courage, ce qu'il avoit sçû aussi-tôt que le combat avoit été fini.*

Mais quelque éloge qu'il fit par là de sa bravoure, cela ne fut pas capable de le sauver, non plus qu'un conseil qu'on donna à Sa Majesté, qui étoit extrémement glorieux pour le coupable. On lui dit *que rien n'étoit plus juste que de le punir de la faute qu'il avoit faite ; mais qu'en l'en punissant, Elle ne se punit pas Elle-même ; que le Duc n'ayant point d'enfans de sa femme, qui étoit de la Maison des Ursins, Maison encore plus connuë en Italie qu'en France, quoi-qu'elle l'y soit beaucoup, Elle devoit plûtôt le condamner à une prison perpetuelle que de le faire mourir sans qu'il laissât de sa race ; qu'Elle pouroit en avoir durant sa captivité : ce qui seroit utile au bien de l'Etat, puisque ce qui naîtroit de lui, suivant les traces de ses Ancêtres, meriteroient sans doute de l'Etat, comme ils avoient toûjours fait ; que depuis qu'il y avoit des Rois en France, ils en avoient toûjours été comme le bras droit.* En effet, il n'y a point dans le Royaume de Maison, telle qu'elle puisse être, qui ait donné tant de Connétables & de

Généraux d'Armée que celle-là. Que ne disent point nos Histoires à la loüange de ces grands hommes? Nous y aprenons entr'autres choses qu'un Mathieu de Montmorenci Connétable de France, sous Philippes Auguste, fut cause par sa conduite & par sa valeur, de la grande Victoire que ce Prince remporta à la Bataille de Bouvines. Un sçavant homme dans l'art Heraldique, ajoûte encore à cela, en parlant de la bravoure de ce Connétable, que ce fut à cause qu'il revint tout couvert de sang de cette Bataille, & qu'il y avoit pris quatre étendarts sur les gens de l'Empereur, qui, aussi-bien que Philippes Auguste, étoit present à la Bataille, que par permission du Roi, il changea ses armes, qui auparavant étoient d'or à la croix d'argent (armes fausses, parce qu'on ne porte point métail sur métail, non plus que couleur ſur couleur) qu'il porta dés-lors d'or à la croix de gueules, cantonnée de quatre alerions de ſinople. Cet Auteur dit auſſi que dans une autre Bataille le même Connétable ayant pris douze autres étendarts ſur le même Prince, ſur qui il en avoit déja pris quatre, il ajoûta dans chaque canton de la croix, qui étoit à ſes armes, trois alerions à celui qui y étoit déja; & que c'eſt à cauſe de cela que nous voyons les Armes de Montmorenci telles qu'elles ſont aujourd'hui, à ſçavoir d'or à la croix de gueules, cantonnée de ſeize alerions de ſinople.

Mais quelque haute idée qu'on nous donne par-là de ce Connétable, je doute fort qu'il ait ſurpaſſé Anne de Montmorenci, qui fut tué à l'âge de quatre-vingt-deux ans en commandant l'Armée du Roi ſon Maître à la bataille de Saint Denis.

Aprés avoir passé la plus grande partie de sa vie dans des tems difficiles, où rien n'avoit été capable d'ébranler sa fidélité, quoiqu'il eut ses proches engagez par un faux zéle de Religion, mêlé de beaucoup d'ambition dans un parti contraire à Sa Majesté, il ne les reconnut plus pour ses parens d'abord qu'il les vit s'éloigner de leur devoir. Il prit les armes contr'eux, les combattit à outrance: & ce fut ainsi que dans une extrême vieillesse, il termina une vie dont la fin se trouve digne de ses commencemens & de ses progrez: aprés avoir ajoûté un beau Fleuron à la Couronne par la prise des trois Evêchez, il mourut dans le lit d'honneur, sans avoir jamais fait paroître que son esprit, non plus que son corps, se ressentit aucunement de la foiblesse qu'un âge comme le sien a coûtume d'aporporter avec soi, & c'est cette vigueur de corps & d'esprit qui lui avoit fait prendre pour devise un oranger chargé de fruits, avec ces mots latins, *Nil mihi tollit Hiems*, c'est-à-dire, *L'Hyver ne m'ôte rien*; voulant dire par-là que tout de même que l'oranger porte des fruits en Hyver comme en Eté, ainsi lui, quoi-qu'accablé sous le poids de la vieillesse, il ne laissoit pas d'être tout prêt à monter à cheval pour le service de son Roi, tout comme il l'avoit fait dans la plus grande fleur de son âge.

Mais pour en revenir à mon sujet, le Roi n'ayant pas crû qu'il fut de sa prudence de pardonner au Duc de Montmorenci, & cet illustre coupable ayant eu la tête coupée dans la Capitale de son Gouvernement, sur un échaffaut couvert de noir, le Duc d'Orleans sortit de France pour la quatriéme fois, & s'en fut à Bruxelles, où la Reine sa mere étoit toûjours. Le Roi cependant qui par le respect qu'il avoit pour le Pape lui avoit demandé des Commissaires François pour faire le procez aux Evêques qui avoient trempé dans la rebellion du Duc de Montmorenci, en ayant obtenu de Sa Sainteté, il y eut un de ces Evêques qui s'enfuït, & qui se condamnant lui-même par-là, fut déposé, en attendant que son procez fut fait & parfait. Un autre ayant prétendu se défendre, & n'en ayant pû venir à bout, alloit être condamné à perdre la tête, quand le Roi, qui étoit un Prince rempli de pieté, & qui ne vouloit pas qu'il fut dit qu'il eut envoyé un Evêque sur un échaffaut, se contenta qu'il fut dépoüillé de sa dignité. Quelques autres Evêques qui trempoient dans la même trahison, ou parcequ'ils avoient plus d'amis que ceux qui avoient été condamnés, ou parce qu'on les avoit accusez injustement, furent renvoyez dans leurs Eglises.

La Reine-mere qui étoit outrée contre le Cardinal pour bien des choses qu'elle lui imputoit, & qu'elle haïssoit encore plus que jamais, parce qu'on venoit de couper la tête au Maréchal de Marillac, qu'elle avoit toûjours honoré de sa protection, jusques-là même qu'elle lui avoit fait épouser une Princesse de sa Maison, fut ravie de ce que le Duc d'Orleans étoit tout disposé à se révolter tout de nouveau. Ce Prince avoit été à la Comédie la veille de son départ, & avant que d'en sortir ayant vû dans le parterre un Gentilhomme avec qui il étoit bien-aise de s'entretenir en particulier, au lieu de le faire monter sur le théâtre où il y avoit pluſieurs perſonnes de qualité qui en attendant que la foule fut écoulée s'entretenoient les uns avec les autres, il lui dit de l'attendre-là, & qu'il alloit le trouvèr. Il y fut, & chacun lui ayant fait place pour le laiſſer paſſer, le Duc de Montbazon qui étoit ſur le théâtre, & qui avoit à parler au Duc, lui dit: *Monſieur, quand vous n'aurez plus rien à dire à la perſonne avec qui vous vous entretenez, faites-moi la grace de m'en avertir; j'ai quelque choſe à vous dire devant que vous vous en alliez.* Le Duc lui répondit qu'il le feroit; il prenoit plaiſir à l'avoir ſouvent auprés de lui, parce que le Duc de Montbazon avoit toûjours le mot pour rire. Le Duc d'Orleans ne manqua pas à ſa parole, étant prêt de quitter l'homme avec qui il parloit, il dit au Duc de Montbazon: *Décendez ici, Duc, & que je ſçache ce que vous avez à me dire. Quel-*

que fou, lui répondit le Duc, *feroit ce que Vôtre Altesse Royale me conseille, il y a un peu trop haut d'ici où vous êtes, je jouërois à me casser le cou. Vous n'avez qu'à sauter*, lui repartit le Duc d'Orleans; & aiant tenu la main au Duc, afin de lui aider & qu'il ne se fit point de mal, Monbazon sauta, & lui dit d'abord qu'il fut dans le parterre: *Avoüez-moi, Monsieur, que j'ai bien risqué de me fier à vous; car assûrément il n'y a que moi seul que vous ayez jamais tiré de l'échaffaut*. Le Duc d'Orleans rougit à cette parole & fut fort mortifié de voir le reproche qu'il lui faisoit en paroles couvertes, d'être cause de la mort du Duc de Montmorenci. On crût à la Cour que la confusion qu'il en avoit, lui avoit fait précipiter son départ; ce qui fut cause que le Roi & Mr le Cardinal en sçûrent mauvais gré au Duc de Montbazon.

Tandis que le départ du Duc d'Orleans inquiétoit le Roi & son Ministre, & qu'ils aprehendoient tous deux qu'il n'eut quelque parti formé dans le Royaume, le Pere Joseph, qui étoit revenu à Paris, s'en retourna en Allemagne, pour voir ce qui se passoit à l'Armée du Roi de Suede. Les grands progrez qu'il avoit faits du côté du Rhin, commençoient, à ce que l'on prétend, à faire craindre à la France, que quand ce Prince auroit soûmis toute l'Allemagne, il ne lui prit envie de s'étendre en deçà de ce fleuve. Le Pere Joseph s'achemina vers lui, parce que les Espagnols s'étoient saisis de Tréves, dont on prétendoit les chasser. Il le trouva accompagné de quelques Electeurs & de plusieurs Princes d'Allemagne, qui avoient quitté le parti de l'Empereur, & qui s'étoient attachez au sien. Ils voyoient qu'il avoit le vent en poupe; ce qui suffisoit pour les attacher à sa fortune. Une si grosse Cour ne fit qu'exciter la jalousie qu'on pouvoit avoir de tant de progrez, sur tout quand on vid qu'il ne vouloit contribuër en rien au succez du Siége de Tréves que le Roi étoit résolu de former. Ce Prince fit réponse à la demande que le Pere Joseph lui fit, de lui donner quelques Troupes pour le succez de cette entreprise, qu'il en avoit besoin lui-même pour obliger le Duc de Baviere à quitter le parti de l'Empereur, dont il étoit le plus ferme appui.

Il n'y avoit guéres d'aparence que ce Duc le fit jamais de bon gré, l'Empereur lui avoit promis l'Investiture des Etats de Frideric Electeur Palatin, qui aprés s'être fait élire Roi de Bohême n'avoit gardé ce Royaume que peu de tems. Il l'avoit perdu en un jour, par une Bataille dont le ſuccez lui avoit été contraire ; & avec cette Couronne, il avoit encore perdu les Etats qu'il poſſedoit en Allemagne, comme heritier de ſon pere. L'Empereur l'avoit dépoüillé de ſon Electorat, & il l'avoit même contraint d'aller chercher azile chez les Hollandois, qui, étant ennemis de la maiſon d'Aûtriche, avec qui ils étoient en Guerre depuis qu'ils s'étoient ſouſtraits de ſon obéïſſance, tâcherent de le conſoler dans ſon malheur. Il n'avoit oſé depuis retourner en Allemagne juſqu'à ce que voyant du changement dans l'Empire par les conquêtes du Roi de Suede, il ſe rendit auprés de lui pour lui demander ſa protection. Le Roi de Suede la lui accorda, & quoi-que Frid-

Frideric fut dépoüillé de son Royaume, le Roi de Suede ne laissa pas de lui donner la main par tout où ils se trouvoient ensemble. Frideric se voyant si bien reçû, & même que le Roi de Suéde lui demandoit son conseil avant que de rien entreprendre, il l'encouragea à déclarer la guerre au Duc de Baviere, qu'il sçavoit ne respirer qu'aprés ses dépoüilles, suivant les promesses que l'Empereur lui avoit faites de l'en enrichir.

C'étoit le moins que Sa Majesté Imperiale pouvoit faire pour un Prince qui lui étoit si attaché, & qui pendant que tous les autres Souverains de l'Empire, ou du moins la plus grande partie, suivoient la fortune de Gustave, avoit mieux aimé s'exposer à perdre son païs que de manquer à la parole qu'il lui avoit donnée de ne se jamais séparer de ses interêts. Gustave étant donc encouragé par Frideric à poursuivre le dessein qu'il avoit formé de porter la Guerre dans la Baviere, il y entra d'abord que la saison le lui permit. Walstein ne pût s'y opposer, parce qu'il avoit trouvé les Troupes de l'Empereur fort délabrées, & qu'elles n'avoient pû encore se rétablir. Tilli qui commandoit celles qui étoient en état d'agir, en attendant que Walstein le pût joindre ou faire une diversion assez considerable pour obliger ce Prince à diviser son Armée, fit toûjours son possible pour contrequarrer les desseins de Gustave. Il osa même lui disputer le passage du Lek; mais y ayant été blessé à la jambe, d'un coup de canon, il en mourut quelques jours aprés; lorsqu'il eut été obligé de se la faire couper, à cause de la gangrenne qui y venoit. Altinger qui commandoit les Troupes du Duc, qui s'étoient jointes à celles de l'Empereur, ou plûtôt celles de l'Empereur aux siennes, parce que ce fut Tilli qui arriva le dernier au secours de la Baviere, fut aussi blessé en cette occasion : mais comme son coup n'étoit qu'un coup de mousquet, & que ces sortes de coups ne sont pas si dangereux que ceux de canon, il en fut quitte pour garder la chambre une quinzaine de jours à Ausbourg, où il s'étoit fait porter aprés sa blessure.

Le passage du Lek mit en proye toute la Baviere, le Duc sortit de Munick d'abord qu'il eut avis que Gustave l'avoit forcé. Il se retira à Ingolstat, la meilleure Forteresse de ses Etats. Gustave marcha droit à Ausbourg, ce qui obligea Altinger d'en sortir, quoi-qu'il ne fut pas encore guéri de sa blessure. Ausbourg n'appartenoit point au Duc de Baviere, qui y avoit pourtant quelques prétentions dessus. C'étoit une Ville libre, comme il y en a quantité en Allemagne. Elle prétendit, à l'aproche de Gustave, qu'il ne devoit point la traiter comme une Ville ennemie, attendu la liberté dont elle joüissoit depuis long-tems. Elle lui offrit cependant tous les raffraîchissemens dont il auroit besoin pour lui & pour son Armée; mais ayant voulu qu'elle lui ouvrit ses portes, sans aucune condition, elle fut obligée de suivre la Loi que lui donnoit le Vainqueur. Gustave en tira tout ce qui lui étoit necessaire pour faire le Siége d'Ingolstat, qu'il fit investir dés le lendemain. Il y croyoit prendre le Duc. Frideric qui l'avoit suivi, comme avoit fait le Duc de Saxe, avec quantité d'autres Princes qui faisoient gloire de lui faire la Cour, lui avoit insinué qu'il falloit prendre-là le Duc de Baviere mort ou vif. Gustave, à qui cette parole étoit agréable, fit ce qu'il pût pour la faire réüssir; mais son cheval ayant eu la croupe emportée d'un coup de canon, cela obligea les principaux Officiers de son Armée, qui voyoient qu'il s'exposoit trop, de le prier de se ménager davantage. Ils l'en conjurérent même avec larmes, dont se trouvant touché, il leur promit de ne se pas tant exposer une autrefois. Il y avoit dans cette Forteresse un canonier si adroit, qu'autant de gens qui se presentoient devant lui, il les tuoit tous, eux ou leurs chevaux. Le Marquis de Bade, jeune Prince de grande esperance, & dont le courage égaloit la naissance, sans s'étonner de tous ceux qu'il voyoit périr par les mains de ce canonier, non plus que du malheur qui avoit pensé arriver à Gustave, voulut s'avancer vers la Place, afin de la reconnoître de plus prés; mais dans le tems qu'il remarquoit avec une lunette d'aproche tout ce qu'il avoit envie de voir, le canonnier qui en avoit une lui même, l'ayant consideré: *Voilà*, dit-il à ceux qui étoient auprés de lui, *une lunette que tient un jeune Officier qui ne s'en servira pas encore long-tems*; en disant cela, il pointa une piece de canon sur lui; & y ayant mis le feu, le boulet lui donna au milieu de l'estomac; ensorte que sa prédiction ne tarda guéres à se trouver accomplie.

Toute l'Armée eut beaucoup de regret du malheur qui venoit d'arriver à ce jeune Prince, & comme ce Canonnier faisoit à toute heure parler de lui par son adresse, ceux qui commandoient l'Artillerie de Gustave, eurent ordre de démonter la batterie où il étoit. Cela ne paroissoit pas difficile, parce que d'ordinaire la batterie la plus forte démonte toûjours la plus foible. Or il ne tenoit qu'aux Officiers de l'Artillerie de Suede de mettre vingt-quatre pieces de canon en batterie contre ceux de ce Canonnier, qui n'étoient qu'au nombre de quatre sur un bastion; mais y ayant trouvé plus de difficulté qu'on ne pensoit, les principaux Officiers de l'Armée prierent Gustave de lever le Siége, où il avoit déja perdu bien du monde par les sorties continuelles que faisoient les Bavarois sur la tranchée. Il ne fut pas fâché qu'on lui fit cette priere, afin de paroître comme forcé à faire une chose qui ternissoit en quelque façon le lustre de tant de Victoires; il fit battre aux champs dés le même jour, &

s'étant vengé sur Landshut de l'affront qu'il venoit de recevoir devant Ingolstat, il l'obligea de lui ouvrir ses portes. Il porta la Guerre ensuite dans l'Evêché de Frisenghen ; aprés neanmoins qu'il eut forcé le passage de Marpurg, qui en défendoit l'entrée, tout ce qu'il y avoit de Places fortes dans cet Evêché n'ayant pas été capables de lui résister, il s'achemina contre Munik, capitale de la Baviere. La défense qu'elle fit ne fut pas grande, & en ayant enlevé un grand nombre de canons, qu'il envoya à Ausbourg, il obligea les habitans de lui donner une grosse somme d'argent pour empêcher le sac de leur Ville, dont il les menaçoit.

L'Empereur au desespoir de voir le pays de son Allié en proye à leur ennemi commun, envoya à Walstein couriers sur couriers pour l'obliger de ſe mettre en campagne. Walſtein ne ſe preſſa pas beaucoup de lui obéïr, s'imaginant que plus il auroit beſoin de ſon ſecours, plus il ſeroit obligé de le ménager. Il ſe ſouvenoit de l'affront qu'il lui avoit fait de lui avoir ôté, à la ſuſcitation de ſes ennemis, le commandement de ſes Troupes, dans le tems que ſes armes étoient floriſſantes ſous ſa conduite ; & quoi-qu'il en dût être conſolé, puiſqu'il avoit été reſtitué avec honneur dans ſon emploi, juſques-là même que Sa Majeſté Imperiale, en le faiſant revenir à ſon ſervice, lui avoit donné une autorité ſur ſes Armées & ſur les Provinces dépendantes d'elle, que nul Général n'avoit eûë avant lui, ſi eſt-ce pourtant qu'il ne laiſſa pas de ſe ſouvenir toûjours de ce qui étoit arrivé, dont il lui vouloit beaucoup de mal.

C'étoit par cette raison qu'il differoit de jour en jour, sous diferens prétextes, de mettre son Armée en mouvement ; cependant ne pouvant plus s'en empêcher, à moins que de donner à connoître à tout l'Empire qu'il se joüoit de l'Empereur, il se mit en marche à la fin ; mais au lieu d'aller au secours du Duc de Baviere, qui étoit trop uni avec l'Empereur pour que Walstein se mit beaucoup en peine de lui procurer du soulagement. Il dressa son chemin vers la Bohême, qu'il avoit bien plus à cœur de conserver, que pas un autre païs de l'Empereur & de ses Alliez. Le soin qu'il en prenoit venoit de ce qu'il en étoit originaire, & que d'ailleurs son ambition ne le portoit pas moins qu'à desirer de se frayer le chemin à cette Couronne. Or n'y pouvant parvenir qu'en se conciliant l'amitié de ces peuples, il manda à l'Empereur qu'il marchoit vers ce païs-là, parce que la diversion qu'il y feroit seroit plus avantageuse au Duc de Baviere, que s'il menoit son Armée dans ses Etats, que le séjour qu'elle y feroit ne serviroit qu'à achever de les ruïner; au lieu qu'en s'en allant en Bohême cela attireroit tout le faix de la Guerre de ce côté-là.

L'Empereur fut obligé de prendre ses raisons en bonne part, quoiqu'il ne les crût pas trop pertinentes. La Bohême étoit alors occupée par le Duc de Saxe, l'un des principaux Alliez du Roi de Suede, & comme cet Electeur apprehendoit la fortune de Walstein qui l'avoit fait réüssir jusques-là, presque dans toutes les entreprises qu'il avoit faites, il donna des nouvelles de ce qui se passoit au Roi de

Suede, le priant de le secourir. Le Roi de Suede qui avoit à se ménager avec ses Alliez, & principalement avec cet Electeur, qui étoit un des plus puissans de tous ceux qui suivoient son parti, ne jugea pas à propos de le mécontenter. Il aprehendoit, s'il le faisoit, qu'il ne se dégoûtât de son alliance, sur tout étant recherché par Walstein, qui dans le dessein qu'il avoit sur la Couronne de Bohême, lui faisoit des propositions avantageuses pour l'attirer dans son parti. Il est vrai qu'il ne les lui faisoit que de la part de l'Empereur, & comme aiant tout pouvoir de lui sans être obligé d'envoyer à Vienne pour savoir sa volonté, mais il n'ignoroit pas que quand cet Electeur auroit embrassé ses interêts, quoi-que ce ne fût d'abord que par raport à l'Empereur, il le tourneroit ensuite comme il voudroit, sur tout s'il lui faiſoit part de ce qui étoit à ſa bienſéance dans le Royaume, que ſon ambition lui faiſoit déja regarder comme ſi ç'eût été ſon patrimoine.

Le Roi de Suede qui connoiſſoit trop de quelle conſéquence il lui étoit de retenir le Duc de Saxe dans ſes interêts, vola à ſon ſecours d'abord que les affaires qui le retenoient en Baviere le lui pûrent permettre : mais avant qu'il ſe rendit en Bohême, Walſtein s'étoit déja emparé de Pragues aprés avoir obligé les Saxons d'en ſortir. Arnheim qui commandoit en l'abſence de cet Electeur, qui étoit toûjours à la ſuite du Roi de Suede, les Troupes qu'il avoit laiſſées à la garde de ce Royaume, fit ce qu'il pût pour ſecourir cette Capitale ; mais n'en ayant pû venir à bout, il ſe campa avantageuſement, pour n'être pas obligé de combattre. Walſtein qui étoit fin & ruſé, envoya reconnoître l'aſſiette du camp de ce Général, ſous prétexte de lui faire des propoſitions avantageuſes pour l'Electeur. Arnheim les écouta, s'imaginant qu'il les lui faiſoit de bonne foi, & que l'Electeur à qui il les fit ſavoir enſuite, ſeroit trop heureux de les accepter: mais ayant reconnu, quoi-qu'un peu tard, que tout cela n'étoit qu'un artifice de Walſtein, qui ſous un ſi beau prétexte prétendoit fondre ſur lui, lors qu'il y penſeroit le moins, il décampa la nuit à la ſourdine, gagna le pont de Leurmerits, & l'ayant rompu aprés y avoir fait paſſer ſes Troupes & ſon canon, il ſe tira ainſi de danger.

Le Roi de Suede à qui la réputation de Walſtein étoit connuë, mais qui n'avoit jamais eu affaire à lui, quittant alors la Baviere, ſuivant le projet qu'il en avoit fait, le fut chercher aprés avoir donné ordre à Arnheim de le venir joindre. Comme aprés que cette jonction se seroit faite, Walstein demeuroit le plus foible, il manda à Pappenheim qui venoit de secourir Magdebourg, que le Général Banner assiégeoit avec des Troupes Suédoises, qu'il eut à venir le trouver incessamment. Pappenheim de peur que le Général Banner ne profitât de son abscence & qu'il ne remit le siége devant Magdebourg, en démolit les fortifications & la ruïna entierement, au grand regret de ses habitans; car c'étoit une dés plus belles Villes d'Allemagne, & qui même en étoit un des plus beaux ornemens.

Avant que Pappenheim le joignit & qu'Arnheim eut aussi joint le Roi de Suede, Walstein qui étoit le plus fort de la Bohême, aprés en avoir chassé Arnheim & tous ceux qui y tenoient le parti du Roi de Suede, porta la Guerre dans les Etats du Duc de Saxe, où il prit Leipsik. Il fit des ravages extraordinaires par tout ce païs-là, & ayant envoyé un détachement de son Armée contre la ville de Fridberg, où sont les Mausolées des Ducs de Saxe, Holk & Galas, qui le commandoient, ne se furent pas plûtôt rendus maîtres de cette Ville, qu'ils menacerent de ruïner ces Tombeaux, si on ne leur donnoit une grosse somme d'argent: les habitans furent obligez de le faire, de peur d'encourir l'indignation de leur Souverain, si faute de ce que les Lieutenans de Walstein leur demandoient, ils laissoient ruïner les Mausolées de ses Ancêtres, & jetter leurs cendres au vent, comme Holk & Galas en menaçoient.

Aprés

Aprés diverses executions militaires de cette nature, que les Troupes de Walstein firent dans les Etats du Duc, & particulierement dans la Misnie, tous les détachemens qu'il avoit faits pour embrasser tout à la fois plus de païs, le vinrent retrouver, parce qu'il vouloit aller au-devant de Pappenheim dont il avoit des nouvelles. Aprés qu'ils se furent joints auprés de Leipsick, & que Walstein, à qui Pappenheim obéïssoit, eut apris que le Roi de Suede, à qui Arnheim s'étoit joint pareillement, marchoit droit à lui, aprés avoir quitté le voisinage de Nuremberg où il s'étoit arrêté pendant quelque tems, il campa à Lutzen, où ayant disposé son Armée d'une telle maniere, qu'elle pouvoit se mettre en Bataille dans un moment, il y attendit son ennemi. Toute l'Allemagne qui ſçavoit que deux Généraux ſi fameux n'étoient plus qu'à une lieuë l'un de l'autre, étoit attentive au combat, qu'elle ne doutoit point qu'ils ne fuſſent à la veille de ſe donner. Ils en avoient autant d'envie l'un que l'autre; deſorte que le Roi de Suede ayant marché en Bataille à Walſtein, ce General ſe prépara à le bien recevoir. Le Roi de Suede qui venoit le chercher de ſi loin pour le combattre, aprés avoir paſſé la nuit ſous les armes, & Walſtein en ayant fait de même de ſon côté, la pointe du jour ne fut pas plûtôt venuë, que les deux Armées annonçoient par la bruit du canon & par les fanfares des trompettes, qu'elles ne tarderoient guéres à en venir aux mains; mais dans le tems qu'on étoit ſur le point de marcher de part & d'autre, il s'éleva un broüillard ſi épais, que l'on ne voyoit pas à trois pas de soi. L'on étoit alors au 16. de Novembre, saison où il arrive rarement que le broüillard se dissipe si-tôt, peu s'en falut que cela ne fut cause que le Roi de Suede ne retardât le combat, qui venant à se donner pendant un tems si nebuleux, mettroit les Generaux hors d'état de donner leurs ordres à propos. En effet, bien loin de pouvoir reconnoître ce qui se passeroit d'une aîle à l'autre, ils ne verroient pas seulement, de l'endroit où ils se placeroient, ce que feroit un escadron ou un bataillon à côté de celui où ils se seroient rangez pour donner leurs ordres; mais la démangeaison que les Suedois avoient d'en venir aux mains avec leurs ennemis, n'ayant pas permis à Gustave de faire ce que la prudence lui suggeroit, il fit sonner la charge, & les ennemis en ayant fait autant, l'on commença à se charger de part & d'autre. Le Roi de Suede aprés avoir ainsi embarqué l'affaire, voyant que tout alloit bien à son aîle droite, voulut passer à l'aîle gauche, où Arnheim étoit avec les Troupes du Duc de Saxe ; mais en passant le long de la ligne, il fut tué d'un coup de pistolet, sans qu'on ait pû savoir encore jusqu'à present si ce fut de la main d'un ennemi ou de quelque assassin que l'on avoit gagné, pour se délivrer de la crainte que donnoient toutes ses Victoires : ainsi mourut ce grand Prince, aprés avoir en deux ans conquis une bonne partie de l'Allemagne, & fait craindre à l'Empereur qu'il ne lui ôtât la Couronne Imperiale de dessus la tête. Il n'avoit encore que trente-huit ans lorsqu'il fut tué, dont il en avoit regné vingt-sept.

Le Duc de Weimart, qui étoit de la Maiſon de Saxe, s'aperçût le premier de ſa mort ; car voyant revenir ſon cheval tout ſeul & la ſelle toute couverte de ſang, il n'en augura rien de bon. Cependant la prudence l'obligeant de cacher ce malheur, qui venant à la connoiſſance des ſoldats étoit capable de leur ôter le courage, il dit à un Officier ſage & prudent, qui ſe trouva auprés de lui, de prendre ce cheval ſans faire ſemblant de rien & de le donner à un de ſes gens, comme s'il venoit de le gagner. Il vouloit par-là l'ôter de la vûë des ſoldats, de peur que quelqu'un ne vint à s'aperçevoir que c'étoit celui du Roi, & que le bruit de ſa mort venant à ſe répandre dans les rangs, l'on en fut tellement déconcerté, que les armes ne leur tombaſſent des mains ſans combattre. L'Officier fit ce que le Duc lui commandoit, & perſonne n'ayant rien ſçû de ce qui venoit d'arriver que lorſque le combat fut fini, le Duc à qui c'étoit à commander, le Roi n'étant plus, le fit avec tant de conduite & de ſageſſe, que quoi-que la Victoire fut bien diſputée, il la remporta à la fin. Pappenheim y fut tué en commandant l'aîle gauche de l'Armée ennemie, aprés avoir fait tout ce qu'on pouvoit attendre d'un bon General & d'un brave ſoldat. Walſtein qui n'avoit pû combattre comme lui, à cauſe qu'il y avoit quelques jours qu'il avoit les gouttes, fit une belle retraite, demeurant toûjours à la queuë de ſes Troupes dans une litiere, d'où il avoit donné ſes ordres.

Le Duc de Weimart qui n'avoit jamais juſques-là commandé en

chef, ayant commencé à se faire connoître par cette victoire, acquit bien-tôt, par plusieurs autres actions qu'il fit, toutes aussi brillantes l'une que l'autre, la réputation d'un excellent General; il reprit Leipsick pour le premier fruit de sa Victoire, & ayant encore peu de jours aprés chassé quelques Garnisons que Walstein tenoit dans la Misnie, tant davantages étoient pour consoler en quelque façon de la perte que l'on avoit faite du grand Gustave, si ce n'est qu'en mourant il avoit délivré tous ses ennemis de la terreur que leur imprimoit le seul bruit de son nom. En effet, l'Empereur & le Duc de Baviere ne sçûrent pas plûtôt qu'il étoit mort, qu'ils compterent pour rien la mort de Papenheim & la perte qu'ils avoient faite de la Bataille.

D'abord que Mr le Cardinal sçût

le malheur de ce grand Roi, il m'envoya en Allemagne pour négocier un Traité ſecret avec le Duc de Weimart. Le Duc n'y voulut point entendre, qu'il n'eut reçû des nouvelles de Suéde, où il avoit envoyé demander à la Reine Christine, fille du grand Gustave, le commandement de l'Armée, à la tête de laquelle il étoit. Mr le Cardinal avoit envoyé, auſſi-bien que lui, en ce païs-là, une perſonne de confiance, pour, ſous prétexte de complimenter de la part du Roi cette jeune Princeſſe, ſur le malheur qui étoit arrivé à ſon pere, prendre garde qu'elle ne donnât pas le commandement de ſes Troupes à une perſonne deſagréable au Roi ſon maître. Tout ſe paſſa au gré de Son Eminence & de ce côté-là & du côté où j'étois, le Duc de Weimart n'eut pas plûtôt avis de Suéde que la la Reine Christine l'avoit déclaré Général de ses Troupes en Allemagne, qu'il m'assûra que je pouvois mander à Mr le Cardinal qu'il n'entreprendroit jamais rien en ce païs-là que de concert avec les Généraux François, qui y auroient soin des interêts de Sa Majesté. Cette parole lui valut vingt mille écus de pension, dont je lui donnai assûrance de la part de Mr le Cardinal. Cependant quoi que tous ces bons succez eussent dequoi diminuër le regret que les amis du grand Gustave avoient de sa mort, Frideric y fut si sensible, qu'il en mourut de douleur. Comme ce grand Prince l'avoit toûjours traité en Roi, tout de même que s'il eut eu encore la Couronne de Bohême sur la tête, & qu'il esperoit de lui seul son rétablissement dans ce Royaume, & même dans ses Etats sur le Rhin, il n'eut pas asſez de force d'eſprit pour ſurvivre à la perte de ſon eſperance, il ſe ſentit miner tout-d'un-coup, enſorte que ſix ſemaines aprés la mort de Guſtave, il mourut lui-même à Mayence où il s'étoit rendu, pour prendre poſſeſſion de Frankendal, que l'Empereur, à la priere du Roi d'Angleterre ſon beau-frere, lui devoit rendre pour lui ſervir de retraite.

Je m'en revins à Paris aprés les bonnes paroles que le Duc de Weimart m'avoit données; mais à peine y fus-je arrivé, qu'au lieu de l'acceuil favorable, que j'attendois de Mr le Cardinal, je le trouvai tout penſif; enſorte que la reception qu'il me fit ne répondit pas à mes eſperances. Je trouvai dans ſon antichambre lorſque j'y paſſai pour me rendre dans ſon cabinet, où il m'avoit fait ordonner par Mr Cheret de me rendre, l'Hermite avec lequel j'avois couru tant de risques en Catalogne, c'est-à-dire lorsque j'étois à l'entrée du col de Pertus, & qui nous avoit donné avis, à la Feüille & à moi, de nous sauver, me reconnut, & étant venu m'embrasser, je lui fis les mêmes caresses qu'il me faisoit, parce qu'on est toûjours bien-aise de rencontrer un homme d'esprit comme il étoit, & que d'ailleurs quand on a couru quelque péril avec une personne, & qu'on s'en est tiré heureusement, on n'est pas fâché de se retrouver ensemble, quand ce ne seroit que pour s'en entretenir: nous en dîmes donc un mot tous deux, tandis toutefois que je ne pûs pousser la conversation bien loin, à cause qu'il falloit que je me rendisse auprés de Mr le Cardinal.

Nous nous séparâmes donc aprés nous être encore embrassez ; je m'en fus dans le cabinet de Son Eminence, pendant qu'il demeura toûjours dans son antichambre. Mr le Cardinal parut me faire ce jour-là un meilleur acceüil qu'il ne m'avoit fait lorsque j'étois arrivé. J'en fus tout-à-fait joyeux, & m'ayant interrogé sur ce que j'avois pû reconnoître pendant le séjour que j'avois fait en Allemagne, je lui en rendis compte du mieux qu'il me fut possible. Comme nous étions-là tous deux, & qu'en parlant des voyages que j'avois fait par son ordre, je lui eus dit que j'avois vû dans son antichambre l'Hermite avec lequel j'avois passé quatre mois en Catalogne, Son Eminence, aprés m'avoir demandé s'il nous avoit fait faire bonne chere à la Feüille & à moi, lui qui avoit soin de nous nourrir ; quand je lui eus répondu que non ;

parce-qu'il se seroit rendu suspect s'il eut fait provision de mets delicats pour nous donner, il commanda à celui qui gardoit la porte de son cabinet, d'aller appeller ce faux Hermite ; en lui donnant cet ordre, il nomma le faux Hermite du nom de la Plante, soit qu'il s'appellât ainsi, ou que ce ne fut qu'un nom supposé, afin de cacher celui qu'il portoit veritablement. Quand j'appelle ici ce Mr de la Plante, le faux Hermite, je ne prétends pas dire par-là qu'il fut encore habillé de même que je l'avois vû lorsque j'étois en Catalogne, bien loin de-là il étoit trés-propre; mais ce nom m'est venu à la bouche plûtôt qu'un autre, dont il ne faut pas s'étonner, parce qu'excepté lorsque j'étois passé dans l'antichambre de Mr le Cardinal; je ne l'avois jamais vû qu'avec un habit qui convenoit au nom que je viens de lui donner.

Ce Mr de la Plante entra un moment aprés dans le cabinet de Son Eminence, conduit jusqu'à la porte ; par la personne qui étoit allé l'appeller de sa part. Mr le Cardinal qui étoit en belle humeur ce jour-là commença à le railler sur la peur qu'il avoit eüë lorsqu'il lui avoit fallu quitter son habit d'Hermite pour se sauver. La Plante lui répondit que quoi-qu'Elle n'eût guéres coûtume de se tromper, il lui permettroit de lui dire qu'Elle l'accusoit-là d'une chose dont il lui étoit facile de se laver ; que ce reproche seroit bon à faire à la Feüille, qui contre toutes les régles de la prudence avoit voulu s'en revenir en France par un chemin aussi dangereux que celui qu'il avoit pris, qu'aussi y avoit-il bien de l'apparence qu'il y avoit été assassiné ; mais que pour lui, la tête lui avoit si peu tourné, qu'il étoit arrivé sain & sauf dans le Royaume par le chemin qu'il avoit pris.

Pendant qu'il se défendoit ainsi si-bien que les railleries de Mr le Cardinal n'avoient aucune prise sur lui, on vint annoncer à Son Eminence que l'Ambassadeur d'Angleterre venoit pour lui rendre visite. Elle s'en fut au-devant de lui jusqu'à la porte de son cabinet, sans nous en faire sortir la Plante & moi, & comme cette visite n'étoit qu'une visite de cérémonie, qui sont fort courtes entre les Grands, à peine l'Ambassadeur se fut-il assis dans un fauteüil, qu'il prit congé de Mr le Cardinal. Son Eminence le fut reconduire jusqu'à la porte de la salle de ses Gardes, & ayant trouvé dans son antichambre plusieurs personnes qui s'y étoient renduës pour lui faire leur cour, quand Elle sortiroit pour aller chez le Roi, Elle ne se pût empêcher de dire un mot à l'un & un mot à l'autre. Il demeura donc quelque tems sans revenir. Enfin étant rentré dans son cabinet, je m'apperçûs qu'en y mettant le pied il devint rouge comme de l'écarlatte. La Plante s'en apperçût aussi bien que moi, & nous nous le dîmes, l'un à l'autre avant que la nuit fut venuë, comme vous allez l'aprendre dans un moment.

Je ne sçûs que dire ni la Plante, non plus du changement que nous reconnûmes sur son visage; cependant si nous en étions surpris, nous le fûmes encore bien davantage, quand il commença à nous parler. Il nous parut embarassé à un point que nous eûmes peine à le reconnoître; mais s'étant remis un moment aprés, il recommença à railler la Plante tout comme il faisoit quand on lui étoit venu annoncer que l'Ambassadeur d'Angleterre venoit pour lui rendre visite. Quand il fut las ainsi de se réjoüir à ses dépens, nous nous aperçûmes, la Plante & moi, qu'il rêvoit ; mais sa rêverie ne fut pas longue, & en étant sorti un moment aprés, comme il arrive à ceux qui aprés avoir rêvé un moment, se déterminent tout-d'un-coup à ce qu'ils doivent faire, il prit une plume & de l'ancre, & écrivit un billet. Nous nous retirâmes, la Plante & moi, à dix pas de lui, afin qu'il ne crut pas si nous fussions demeurez où nous étions, que nous voulussions voir ce qu'il écrivoit ; quand ce billet fut écrit, & qu'il eut mis le dessus, il se fit apporter une bougie pour le cacheter ; ce qui étant fait : *De B...* me dit-il, *approchez-vous de moi*, *afin que je vous apprenne ce que vous devez faire de ce que je viens d'écrire.* Je fis ce qu'il me disoit, & m'ayant parlé à l'oreille, je sortis dans le même moment pour aller executer ses ordres.

Ce billet étoit pour Mr du Tremblai, & selon ce que Son Eminence me disoit, il n'étoit pas necessaire de lui en raporter la réponse. Je m'en fus à la Bastille de ce pas, & m'étant acquitté de mon message, Mr du Tremblai n'eût pas plûtôt jetté les yeux sur ce billet, qu'aprés avoir fait sortir de sa chambre ceux qui y étoient avec lui : *Mon pauvre de B.... me dit-il, qu'avez-vous fait à Mr le Cardinal pour me donner ordre, comme il fait, de vous enfermer ici dans une Tour, & de ne vous laisser parler à personne ?* Il est impossible d'exprimer la surprise où je fus à ces paroles, & ayant dans ce moment perdu tout l'usage de mes sens, comme un homme que l'on auroit assommé à coups de massuë, je tombai évanoüi aux pieds de ce Gouverneur. Comme il vit l'état où j'étois, il tira de sa poche un petit flacon où il y avoit de l'eau de la Reine de Hongrie, & m'en ayant froté les tempes & le dedans des mains, il en prit lui-même dans une des siennes & me l'aprocha des narines; cela me fit revenir, non pas dans le même moment, mais quelque temps aprés, c'est-à-dire, quand il se fut servi encore par deux fois du même remede, ayant alors recouvré mes sens: *Ah! Monsieur*, lui dis-je, *est-ce une verité que l'ordre que vous venez de m'annoncer, ou si c'est que vous ayez pris plaisir à me donner l'allarme? pour moi je crois l'un bien plûtôt que l'autre, puisque Mr le Cardinal, juste & équitable comme il est, ne sauroit avoir donné un ordre pareil à celui-là contre un homme qui depuis qu'il a l'honneur d'être à lui, a toûjours été prêt de répandre jusqu'à la derniere goutte de son sang pour son service. Mon pauvre de B....* me répondit Mr du Tremblai, *je suis trop de vos amis pour vous avoir tenu à faux le discours que je vous ai fait, & si vous doutez de la verité de mes paroles, je suis prêt de vous montrer l'ordre que j'ai reçû. Je ne vois rien,* continua-t'il, *qui m'en empêche, puisque vous le faire voir ou l'executer, est pour moi toute la même chose.* A ces mots, il me fit lire à moi-même l'arrêt de ma condamnation, & comme l'écriture de Monsieur le Cardinal ne m'étoit que trop connuë, il ne me fut plus permis de douter de mon malheur.

Mr du Tremblai, aprés m'avoir

assûré qu'il y étoit extrémement sensible, me conduisit lui-même, suivi d'un Guichetier, qui portoit à sa main un gros trousseau de clefs dans une Tour où l'on a besoin de chandelle en plein jour quand on prétend y voir clair. Cette Tour porte le nom de la Tour du Tresor, nom qui lui a été donné depuis que Mr le Duc de Sulli, Grand-Maître de l'Artillerie, Surintendant des Finances & Gouverneur du Château de la Bastille, y enfermoit l'argent du Roi son maître. Mr du Tremblai aprés m'avoir assûré qu'il ne m'y laisseroit manquer de rien, & promis qu'il m'y viendroit voir souvent, s'il en avoit permission de Mr le Cardinal, au lever duquel il iroit tout exprés le lendemain pour la lui demander, me quitta dans une désolation de ma part, plus aisée à s'imaginer qu'à d'écrire. Le Guichetier, qu'on apelle dans cette prison *un porte-clef*, pour lui donner un relief au-dessus de ceux qui sont dans les autres prisons ce que ce porte-clef fait dans celle-là, prit alors ses clefs, dont le cliquetis seul fait autant de peur aux prisonniers que feroit une batterie de canon de vingt-quatre pieces qui seroient appointez contr'eux, & ayant fermé sur moi la porte de la chambre où j'avois été mis, il roula de gros verroüils qu'il y avoit au-devant de cette porte, afin de me mieux enfermer. Il fit bien encore, avant que de sortir de la Tour, autant de bruit à une autre porte, qu'il en avoit fait à celle-là. J'entendis encore le même cliquetis de clefs que j'avois déja entendu, & ayant fermé cette derniere porte avec tant de bruit, à cause des ressorts qu'il y a aux serrures qui y sont attachées, que toute ma chambre en retentit, il me revint à la memoire ce qu'un fameux Poëte dit des Enfers dans la description qu'il en fait. Or je trouvai que le gros chien de ce Poëte, qu'il apelle *Cerbere*, n'assûre pas mieux la prison, dont il le fait Guichetier, que font ces porte-clefs celle qui est commise à leurs soins.

D'abord que Mr du Tremblai m'eut quitté, & que je fus délivré par l'éloignement du porte-clef de la frayeur qu'il me causoit par le cliquetis de ses clefs, je me mis à rêver sur ce qui pouvoit être cause de mon malheur ; mais plus j'y fis de réflexion, moins il me fut possible de le deviner. Comme je m'ensevelissois dans ces pensées qui ne servoient qu'à me rendre encore plus malheureux, je crûs entendre à la premiere porte, par où l'on entroit dans la Tour qui me servoit de prison, le même cliquetis de clefs qui m'avoit déja si fort déplû, lors que j'y avois été amené, je me figurai d'abord que je me trompois & que le bruit que je croyois entendre n'étoit que l'effet de l'aversion que j'avois pour un bruit si desagréable pour moi; mais je ne demeurai guéres dans cette pensée, les ressorts de la serrure se firent bien-tôt entendre à mesure qu'on l'ouvroit : il en fut de même des verroüils qui étoient non pas en dedans de cette porte, mais au-dehors, parce que c'est contre les prisonniers que les porte-clefs doivent s'assûrer, & non pas les prisonniers contre les porte-clefs.

Aprés que cette porte fut ouverte, j'entendis beaucoup de bruit sur le degré, comme de plusieurs personnes qui montoient; je fus en doute si c'étoit pour moi qu'ils venoient, car au-dessous & au-dessus de de ma chambre, il y avoit d'autres prisonniers qu'ils pouvoient venir voir; mais s'étant arrêtez à ma porte, & le portè-clef l'ayant ouverte avec son bruit ordinaire, la premiere personne qui se presenta devant moi, fut Mr de la Plante, suivi de Mr du Tremblai & du porte-clef. La premiere pensée qui me vint fut que la Plante avoit ordre de Mr le Cardinal de venir m'annoncer de sa part quel étoit le sujet de mon malheur. L'air triste qu'il avoit me fit prendre pour un air composé, & tel que l'on en prend d'ordinaire quand on a quelque méchante nouvelle à dire à quelqu'un, celui qui étoit répandu sur son visage; mais pour ses pechez, il n'étoit que trop naturel, Mr le Cardinal l'envoyoit-là pour me tenir compagnie, & il avoit été lui-même porteur de l'ordre par lequel il étoit ordonné à Mr du Tremblai de le renfermer tout comme je l'avois été moi-même de celui en vertu duquel je me trouvois maintenant entre quatre murailles : c'est ce que m'aprit la Plante, quand Mr du Tremblai nous eut laissé tous deux seuls. Cependant ce Gouverneur nous dit, pour nous consoler dans l'affliction où nous étions l'un & l'autre, que nous avions tort de nous décourager comme nous faisions, qu'il n'y avoit point d'aparence que nous fussions fort criminels, puisqu'on nous mettoit ensemble ; ce qu'on n'auroit garde de faire si nous l'étions.

Aprés qu'il nous eut quittez & qu'il m'eut promis tout de nouveau d'aller le lendemain matin au lever de Mr le Cardinal, pour sçavoir s'il n'avoit rien à lui commander à nôtre égard, la porte ne fut pas plûtôt refermée sur nous, que la Plante se mit à pleurer comme un enfant. *Nous sommes perdus,* me dit-il, au milieu de ses sanglots, *& puisque Mr le Cardinal nous a fait mettre ici, il faut bien qu'il nous croye coupables. Je ne le suis pourtant en rien,* ajoûta-t'il, *& je crois qu'il en est de même de vous ; mais comme il est accusé d'aimer le sang, & qu'il est rare qu'il pardonne, il me semble que je vois déja couler le mien à gros boüillons aprés qu'il aura été répandu par la main d'un boureau. Vous ne faites pas bien,* lui répondis-je, *de parler de la sorte, & quoique vous vous disiez innocent, il n'y a personne qui ne vous crût coupable, si on entendoit ce que vous dites ; pour moi, bien que je sois prisonnier tout aussi-bien que vous, je me garderai bien de tenir vôtre langage, mon innocence me met à couvert de toute crainte, & si Mr le Cardinal est accusé, comme vous di-*

tes, d'aimer le sang, il n'en veut qu'à celui des coupables, & non pas à celui des innocens; c'est-là la justice que lui rendent tous ceux qui connoissent son bon cœur, & ceux qui en parlent autrement, ne le font que par passion ou pour donner trop de creance à ceux qui se laissent prévenir mal à propos contre lui.

Ces paroles remirent, à ce que je crûs, l'esprit de la Plante en bonne assiette, & ne parlant plus comme il faisoit auparavant, nous nous mîmes à examiner la conduite que nous avions tenuë, tant que nous avions demeuré en Catalogne, pour voir si nous n'avions rien à nous reprocher de ce côté-là. *Pour moi,* lui dis-je, aprés avoir bien fait réfléxion à toutes mes actions, *je sais bien que je n'ai rien fait que n'aye dû faire, & quand je serois à recommencer, je n'en userois pas autre-*

ment que j'ai fait ; mais permettez-moi de vous demander s'il en est de même de vous, c'est de vous que je recevois les ordres de ce que je devois faire, & ne m'avez-vous point fait quitter mon poste plûtôt qu'il ne falloit? Ce n'est pas à cela, me répondit-il, *que nous devons vous & moi imputer nôtre malheur ; il y avoit en ce païs-là un homme, aux ordres de qui je devois déférer tout de même que si ç'eût été Mr le Cardinal lui-même qui me les eut donnez ; je n'ai rien fait qu'il ne m'ait ordonné de faire, c'est pourquoi nous pouvons mettre nôtre esprit en repos là-dessus.* Il se mit à rêver aprés m'avoir fait cette réponse, & sortant tout-d'un-coup de sa rêverie, ni plus ni moins qu'un homme qui se réveille en sursaut : *Helas !* me dit-il, *je crains bien que nôtre malheur ne vienne de ce que je vous vais dire ; la Feüille étoit en réputation de porter toûjours sur lui une bourse pleine de pistoles, Mr le Cardinal ne nous soupçonneroit-il point de l'avoir tué, lui dont on n'a point de nouvelles depuis l'ordre que je lui portai de se sauver lors qu'il étoit au col de Bagnols?*

Quoi-que je n'eusse pas grande envie de rire, je ne m'en pûs empêcher à ce discours. *La belle vision que voilà*, lui repartis je, *& si cela étoit, Mr le Cardinal ne nous auroit-il pas fait arrêter d'abord que nous revinsmes de ce païs-là? D'ailleurs au lieu que nous sommes ensemble ici, ne nous feroit-il pas séparer? Vous êtes un homme bien peu entendu dans les affaires criminelles, si vous croyez qu'on enferme ensemble deux personnes soupçonnées d'un même crime; ne faut-il pas les mettre l'un d'un côté, l'autre de l'autre, de peur qu'étant ensemble, ils ne con-*

viennent de ce qu'ils auront à répondre au Juge qui sera chargé de les interroger?

Aprés qu'il fut convenu que j'avois raison, je lui fis une forte réprimande de ce qu'il avoit des soupçons qui nous deshonoroient l'un & l'autre. Il m'en demanda pardon, & ayant soupé tous deux fort legerement & avec si peu d'apetit que ce qui nous avoit été servi avoit méchante mine, nous nous couchâmes chacun dans un lit que le porte-clef avoit fait dresser dans nôtre chambre, aprés les avoir été chercher chez un Tapissier. Je ne fermai pas l'œil de toute la nuit, & le jour ayant tardé, selon moi, beaucoup de tems à venir, tant j'avois d'impatience de le voir paroître. La matinée me sembla encore plus longue que la nuit, parce que Mr du Tremblai m'avoit dit qu'il iroit au lever de Mr le Cardinal, & qu'il me raporteroit des nouvelles de ce qui étoit cause de mon malheur; or jusqu'à ce que j'en fusse éclairci, les momens me duroient autant que des heures entieres. Midi étant sonné sans que Mr du Tremblai parut, on nous servit à dîner tout autrement que l'on n'avoit fait à souper; l'on nous fit une chere délicate, servie dans de la vaisselle d'argent, aux Armes de ce Gouverneur. Ce changement me donna de l'esperance que mes maux ne seroient pas si grands que j'aprehendois, & l'ayant dit à la Plante, pour l'obliger à ne se pas décourager, je ne pûs jamais le mettre de belle humeur. Il ne bût ni ne mangea, quoi-que le vin qu'on nous avoit envoyé répondit à la bonne chere qu'on nous faisoit. Je ne fis pas de même que lui, je bûs & je mangeai avec grand apétit,

ne

ne cessant de lui dire pendant tout le repas, que puisqu'on nous traitoit de la sorte ce n'étoit pas une marque que Mr le Cardinal fut fort en colere contre nous; qu'il faloit même qu'il eut ordonné à Mr du Tremblai d'en user de la sorte, puisque les Gouverneurs de la Bastille n'ayant que six cens francs de gages, & tout leur revenu ne consistant qu'en ce qu'ils gagnoient sur la nourriture des prisonniers, Mr du Tremblai, non plus qu'un autre n'étoit pas homme à nous faire faire si bonne chere sans un ordre exprés de Mr le Cardinal.

Ces paroles que je croyois fondées sur le bon sens, ne furent pas assez du goût de la Plante pour lui ouvrir l'apétit. Il me regarda boire & manger sans mettre un seul morceau dans sa bouche; tellement que jugeant que sa cervelle s'altereroit bien-tôt si sa prison dûroit long-tems, j'eûs pour l'amour de lui aussi-bien que pour l'amour de moi-même encore plus d'impatience que jamais, que Mr du Tremblai nous vint voir, afin de nous faire part des nouvelles qu'il auroit aprises au lever de Son Eminence. Cela m'obligea de demander au porte-clef qui nous avoit aporté à dîner, si Mr du Tremblai étoit sorti le matin, & s'il ne savoit point s'il avoit été chez Mr le Cardinal. Il ne me répondit non plus que s'il eut été sourd ; ce qui me faisant croire qu'il avoit quelque distraction dans l'esprit, & qu'il falloit qu'il ne m'eut pas entendu, je lui reïterai la même demande ; mais il ne me répondit pas plus cette fois-là qu'il avoit fait l'autre : ce qui me fit juger qu'il me seroit inutile de lui rien demander davantage, qu'il avoit ordre aparemment de ne rien répondre aux prisonniers, quelque demande qu'ils lui pussent faire.

Aprés que j'eus dîné, & non pas que nous eûmes dîné la Plante & moi, puisque bien qu'il se fut mis à table, il n'avoit pas mangé un seul morceau, le porte-clef étant venu chercher les plats & les assiettes sur lesquels il avoit apporté la soupe & le rôti avec des ragoûts, il me dit, sans que j'ouvrisse la bouche pour lui parler, que Mr le Gouverneur alloit dîner, & qu'il lui avoit ordonné de nous dire qu'il nous viendroit voir d'abord qu'il seroit sorti de table. Ce discours me fit plaisir dans l'impatience où j'étois, & en ayant encore auguré quelque chose de bon, je le dis à la Plante, qui n'en parut pas plus satisfait. *Tant pis pour vous*, lui dis-je alors, *& puisque tout ce que l'on peut vous dire pour vous consoler*, *ne fait nul effet sur vôtre esprit ; affligez-vous dorénavant tant qu'il vous plaira, je vous assûre que je n'entreprendrai plus de vous faire sortir de l'état où vous êtes.* Mr du Tremblai ne manqua pas de nous venir visiter, comme le porte-clef nous l'avoit dit de sa part ; & étant entré dans nôtre chambre, il nous dit qu'il avoit ordre de Mr le Cardinal de nous assûrer l'un & l'autre que quoiqu'il nous eut fait mettre en prison, il ne nous vouloit point de mal ; que bien loin de-là il étoit trés-content de nos services ; mais que pour de certaines raisons trés-importantes au service du Roi, il avoit été obligé de faire ce qu'il avoit fait ; que d'abord que ces raisons cesseroient, il se serviroit de nous tout de même qu'il avoit fait avant que de nous avoir fait arrêter ; que même il nous traiteroit si favorablement & avec tant de distinction, que nous serions bien-tôt consolez du chagrin qu'il nous causoit presentement.

Je priai Mr du Tremblai de demander à Mr le Cardinal qu'il fut permis à ma femme de me voir dans ma prison. Je me tenois tout assuré que cela ne me seroit pas refusé, sur tout venant d'aprendre, comme je venois de faire, que Mr le Cardinal étoit content de moi. Ce Ministre avoit bien prévû que je prierois Mr du Tremblai de lui faire cette demande, & il lui avoit dit lui-même la réponse qu'il auroit à me faire. Il y eut bien à dire qu'elle fut conforme à ce que j'esperois, Mr du Tremblai me dit que cela ne se pouvoit pas, que Son Eminence lui avoit ordonné de me le dire, & de ne lui en point vouloir de mal, parce qu'il y alloit du service du Roi; que j'en conviendrois moi-même lors que je ſerois ſorti de priſon, & qu'il m'aprendroit en ce tems-là ce qui étoit cauſe du refus qu'il me faiſoit.

La bonté avec laquelle Son Eminence daignoit s'expliquer avec moi par la bouche de Mr du Tremblai, fut cauſe que je ſuportai patiemment le refus qu'elle faiſoit de m'accorder l'adouciſſement que je lui demandois. Je remerciai Mr du Tremblai de la peine qu'il avoit priſe d'aller voir Mr le Cardinal, ſuivant qu'il me l'avoit promis; cependant ce Gouverneur étant ſorti de nôtre chambre, quand je voulus dire à la Plante que je n'avois pas eu trop de tort de bien eſperer de nôtre fortune: *Elle n'eſt pas grande*, me dit-il, avec un chagrin qui tenoit beaucoup du deſeſpoir, *Mr le Cardinal eſt content, à ce qu'il dit, de vos ſervices & des miens ; cependant il nous retient tous deux en prison : la belle consolation que voilà pour vous & pour moi ! nous qui nous sommes mis au hazard de perdre la vie pour lui rendre service.* Aprés qu'il m'eut fait cette réponse, il se mit à se promener à grands pas, tellement que s'il n'eût pas trouvé une muraille pour l'arrêter, il auroit bien fait du chemin en peu de tems. Son procedé me parut extraordinaire, & bien qu'il soit naturel de se plaindre quand on souffre injustement, je ne pûs comprendre comment un homme de courage avoit si peu de raison que de ne pas entrer dans celles qu'un grand Ministre daignoit nous donner par la bouche de du Tremblai, pour adoucir les peines que nous pouvions avoir du traitement que nous recevions de lui.

J'en dis mon sentiment à la Plante, qui bien loin d'en devenir plus ſage, commença à me dire de groſſes paroles, comme s'il eut voulû s'en prendre à moi de ſes ſoufrances. Je trouvai que c'étoit une grande brutalité à lui, que d'en uſer de la ſorte avec un homme que dans tout ce que je lui avois dit n'avoit cherché qu'à le ſoulager. Je ne m'aviſai donc plus de lui rien dire, de peur d'irriter ſa douleur au lieu de l'adoucir; ſi je lui parlai aprés cela, ce ne fut plus que de choſes indifferentes, qui n'avoient aucun raport à nôtre priſon: à peine me répondoit-il une ſeule parole, & s'il ne pouvoit quelquefois s'en empêcher, c'étoit toûjours d'une maniere ſi ſéche, que je ne pouvois aſſez m'étonner qu'un homme envers qui je faiſois paroître tant de complaiſance, fut auſſi déraiſonnable qu'il l'étoit. Il ne faiſoit que rêver à tous momens, & s'il ſortoit quelquefois de ſes rêveries, ce n'étoit que pour paſſer de la rêverie à la fureur. Il s'efforçoit cependant de cacher ſon état, par une contrainte qui lui étoit extrémement à charge; elle ſe reconnoiſſoit à mille actions qu'il faiſoit, toutes auſſi extravagantes l'une que l'autre; tantôt il ſe mordoit les lévres, tantôt il battoit du pied, tantôt il grinçoit les dents; cependant il étoit ſi enfoncé dans ſes penſées, ou ſi prévenu que j'étois aveugle, qu'il s'imaginoit que je ne m'apercevois de rien. Enfin, aprés que nous eûmes demeuré-là prés d'un mois, ſans avoir d'autre conſolation que de Mr du Tremblai, qui nous venoit voir de fois à autre de ſon chef, ſans que Mr le Cardinal le lui commandât; ce qui me parut bien dur aprés la bonté qu'il avoit eûë d'adoucir nôtre peine par l'honnêteté qu'il nous avoit fait faire par ce Gouverneur ; aprés, dis-je, avoir été si long-tems sans entendre parler de lui, la Plante qui n'avoit pas ouvert la bouche depuis quatre jours, s'avisa de rompre le silence, pour me dire que sa prison commençant à lui devenir insuportable, il vouloit à quelque prix que ce fut chercher les moiens de la faire finir bien-tôt.

Je ne sçûs ce qu'il me vouloit dire par-là, ne trouvant pas qu'il fut en son pouvoir, non plus qu'au mien, de pouvoir rompre nos fers, & le priant de se mieux expliquer, s'il vouloit se faire entendre : *Vous avés l'intelligence bien épaisse*, me répondit-il, *s'il vous faut un Commentaire pour vous faire entendre ce que je veux dire ; ne comprenez-vous pas quand je vous parle ainsi que je prétens mettre tout en usage pour me sauver ? Pourquoi vous sauver*, lui repartis-

je, où est le mal que vous avez fait pour y songer ? Je n'ai point fait de mal, me répondit-il ; *mais puisque je suis traité ici ni plus ni moins que si j'étois criminel de leze-Majesté, pourquoi ne voulez-vous pas que je me sauve, s'il m'est possible ? un criminel de leze-Majesté pouroit-il être resserré plus étroitement que nous le sommes ? Etre dans un cachot ou entre quatre murailles, n'est-ce pas pour nous la même chose ? quelle difference y faites-vous ?*

Il persista dans sa résolution, quoique je fisse tout mon possible pour l'en détourner ; avec un fer qu'il trouva dans la cheminée, où il s'efforça de monter, il fit une petite ouverture entre le joint de deux pierres de taille, & en ayant fait autant tout autour d'une de ces deux pierres, il ne desespera point à la longue de venir à bout de son dessein. Je me mocquai d'abord de son travail comme d'une chose impossible ; mais voyant au bout de trois mois qu'il l'avoit commencé, qu'il ne falloit que de la patience pour réüssir dans tout ce qu'on entreprenoit, je ne m'aperçûs pas plûtôt qu'avant qu'il fut huit jours il seroit en état d'ôter la premiere pierre de sa place, & qu'aprés cela il en pourroit faire autant des autres qui étoient au-devant & qui formoient l'épaisseur de la muraille, que je ne sçûs si je n'en devois point avertir Mr du Tremblai.

La Plante avoit eu l'adresse jusques-là de dérober la connoissance de son travail au porte-clef, en collant des Theses que nous avions trouvées sur la cheminée à l'endroit où il travailloit, & comme il n'avoit point de colle pour les faire tenir, & qu'il auroit eu peur de devenir suspect, s'il en eut demandé, il avoit feint d'aimer extrémement la boulie & de la vouloir faire lui-même, afin de la manger de meilleur apétit. On lui aportoit donc tous les jours du lait avec de la farine, & c'étoit avec cela qu'il faisoit la colle dont il avoit besoin. Quand il eut ôté cette pierre, ou pour parler plus juste, qu'il se fut mis en état par son travail de l'ôter quand il voudroit, il eut besoin de moi pour lui aider à le faire; car il ne pouvoit l'ôter tout seul pour travailler à celle qui étoit au-devant, ni encore moins la replacer; il lui faloit donc du secours, afin que quand le porte-clef nous apporteroit à dîner & à souper, il ne s'aperçût pas de ce qu'il faisoit. Je lui résistai de toutes mes forces, ne voulant point, lorsque la chose se découvriroit, comme il étoit presque impossible que cela n'arrivât, qu'on fut dire à Mr le Cardinal, qu'impatient d'atendre qu'il me rendit la liberté, je me serois efforcé de me la procurer moi-même.

La Plante ne vid pas plûtôt que je refusois de lui prêter la main, qu'aprés m'avoir menacé de m'en faire repentir, il prit un chenet comme un forcené, me disant de songer à ma conscience, & que je ne mourois jamais que de sa main: mais devant que de m'en décharger un coup sur la tête, comme il se mettoit déja en posture de le faire : *Ecoutes de B.... me dit-il, & profites de ce que j'ai à te dire, si tu veux éviter que je ne te tuë tout presentement ; je t'ai toûjours regardé jusqu'ici comme un homme d'esprit, & cependant si tu persiste toûjours à ne pas vouloir te sauver, tu m'obligeras à dire de toi qu'il n'y a rien de plus éloigné de la verité que la bon-*

ne opinion que j'avois de ta personne, te flâterois-tu bien encore que Mr le Cardinal songe à nous, lui qui depuis prés de quatre mois que nous sommes ici, nous y laisse au milieu de nôtre desespoir, sans avoir daigné qu'une seule fois nous faire dire une belle parole? Crois-moi, ou il a dessein de nous y laisser toute nôtre vie, ou de nous la faire perdre à une potence; car pour moi, comme je ne te ressemble pas, toi qui te vante d'être Gentilhomme, sans savoir pourtant de qui tu es fils, c'est un genre de mort qui m'est dû, & à ceux dont la naissance n'est pas autre que la mienne, quand ils sont si malheureux que de tomber entre les mains d'un homme aussi rempli d'injustice & de cruauté qu'est Mr le Cardinal. Je traitai en moi-même ces paroles de blasphêmes, n'ayant jamais trouvé dans Son Eminence les qualitez qu'il lui donnoit; car si je souffrois injustement en quelque façon, je ne laissois pas de l'excuser, attribuant ce qu'il me faisoit souffrir au zéle qu'il avoit pour le service de Sa Majesté.

Et en effet, aprés m'être bien examiné sur le sujet de ma prison, je n'en avois point trouvé d'autre, sinon que quand il nous avoit laissez seuls dans son cabinet, il y avoit sur un bureau un manuscrit intitulé, *Maximes que je crois trés-utiles pour faire repentir le Duc de Lorraine, de toutes les infidelitez qu'il fait au Roi*. Or je m'étois mis en tête depuis quelques jours, dont je n'en avois pourtant rien dit à la Plante, à cause de la méchante humeur où il étoit, que Mr le Cardinal, dans la pensée qu'il avoit eûë que nous avions été assez curieux pour mettre le nez dans ce manuscrit, nous avoit fait arrêter de peur que nous ne révélassions

ſions à quelqu'un ce que nous pourions y avoir trouvé. J'avois donné droit au but, quand cette penſée m'étoit venuë dans l'eſprit, comme je le ſçûs au ſortir de ma priſon. Mr le Cardinal qui avoit trouvé ces Maximes tout-à-fait à ſon gré, vouloit les mettre en pratique avant que de nous rendre la liberté.

La fureur dont la Plante étoit agité, ce qui ſe reconnoiſſoit dans ſes yeux & au chenet qu'il tenoit toûjours levé ſur moi, tout prêt à m'en décharger un coup ſur la tête, fit que je ne m'amuſai point à vouloir juſtifier Mr le Cardinal dans ſon eſprit, en lui faiſant part de ma découverte. Je lui dis ſeulement, pour me dérober au péril que je courois avec un homme ſi furieux & ſi peu rempli de raiſon, que s'il vouloit que je fiſſe ce qu'il me diſoit, il falloit du moins agir avec plus de jugement qu'il ne faisoit dans son entreprise, que le jour n'étoit guéres propre pour y travailler, que la nuit y étoit plus commode & moins dangereuse, parce que nous ne courions point risque dans ce tems-là d'être visitez par le porte-clef.

Ce qui étoit cause que Mr le Cardinal paroissoit nous oublier; c'est qu'il étoit en campagne, & qu'il avoit une infinité d'affaires sur les bras. Le Duc d'Orleans qui sous prétexte du refus qui lui avoit été fait de la grace du Duc de Montmorenci, s'étoit retiré du Royaume, s'entendant avec le Duc de Lorainne, il le pria de lui envoyer sa femme où il étoit. Le Duc de Lorainne qui avoit toûjours nié au Roi que le Duc d'Orleans eut épousé sa sœur, leva alors le masque & la fit partir secretement de

Nanci déguisée en homme pour l'aller trouver à Bruxelles. Le Roi ne le sçût pas plûtôt que pour en faire repentir le Duc de Lorainne, il s'achemina dans son païs, ou aprés s'être emparé de plusieurs Places, il mit le siége devant Nanci. Le Duc de Lorainne qui n'avoit pas des forces suffisantes pour résister à Sa Majesté, avoit envoyé demander du secours à l'Empereur, à qui l'on avoit representé de sa part que s'il souffroit que le Roi s'emparât de la Loraine, l'Alsace, sur laquelle Sa Majesté avoit dessein, ne seroit plus en sûreté aprés cela. L'Empereur ne pût lui donner du soulagement, quoi-qu'il prévit bien que s'il ne le secouroit, il seroit le premier à se ressentir de sa perte ; mais il avoit trop d'affaires sur les bras pour vouloir encore s'attirer un tel ennemi que le Roi. La mort de Gustave, malgré les réjoüissances qui en avoient été faites à Vienne & à Madrid, où l'on avoit joüé une Comedie insultante à la memoire de ce grand Roi, (Comedie intitulée, *Gustave-Adolphe Roi de Suede*) ne l'avoit pas encore délivré de la crainte des armes de cette Couronne. Quoi-qu'il en soit, le Duc de Lorainne ne sçachant plus à qui recourir, aprés avoir été ainsi éconduit par Sa Majesté Imperiale, prit le parti de s'humilier devant Sa Majesté. Il lui envoya le Prince François son frere, qui étoit alors Cardinal; mais qui quitta bien-tôt la pourpre pour se marier avec la sœur de la femme du Duc. Le Roi ne voulut entendre à aucun accommodement que le Duc de Lorainne ne lui livrât Nanci, & la Garnison en étant sortie, Mr le Cardinal qui y étoit present avec le Roi, ayant aperçû dans un Escadron un cavalier qui mettoit la main sur son visage, afin de se cacher, il fit faire alte à cet Escadron, parce-qu'il croyoit connoître celui qui cherchoit ainsi à se dérober à sa vûë. Le cavalier se voyant découvert, fit ce qu'il pût pour s'enfuïr; mais ayant été arrêté par des gens de la suite de Son Eminence, à qui Elle commanda de courre aprés lui. Le Prince François se plaignit au Roi qu'au préjudice du Traité qui venoit de se conclure, on arrêtât un cavalier des Troupes de son frere; Mr le Cardinal intervint là-dessus, & se plaignant lui-même de ce que le Prince François vouloit faire passer pour un cavalier Lorain un cavalier François qui étoit un scelerat, le Prince fut obligé de se taire, aprés avoir reconnu que Son Eminence disoit la verité.

Ce cavalier étoit un malheureux qui aprés avoir servi d'espion à Mr le Cardinal, & l'avoir trahi tout autant de fois qu'il l'avoit emploié, s'étant vû découvert à la fin, s'étoit venu réfugier en Lorainne, où pour se soustraire au châtiment qu'il méritoit, il avoit résolu d'y passer le reste de sa vie. Mr le Cardinal l'envoya en prison à Vitri le François, petite Ville de Champagne voisine de la Lorainne, ordonnant au Lieutenant Général de cette Ville de lui faire son procez. Son Eminence l'auroit bien fait pendre à l'heure même, si Elle eut voulu, sans aucune formalité de Justice, sort ordinaire de la plufpart de ceux qui se mêlent de trahir; mais Elle ne jugea pas à propos de le faire, parce qu'Elle le soupçonnoit d'avoir tué un homme, qu'Elle avoit envoié avec lui en Allemagne, lequel avoit été trouvé mort en France, quinze jours aprés dans un bois entre Vitri & Sainte-Menehoult. Or Elle vouloit le faire interroger sur cette mort, dont on n'avoit jamais pû découvrir l'auteur, quelque perquisition que l'on en eut faite, Elle vouloit même qu'on lui donnât la question, afin de tirer par la force des tourmens une confession qu'il ne feroit peut-être pas sans cela.

Le Lieutenant Général de Vitri qui avoit été informé de ce meurtre dans le tems qu'il s'étoit commis, commença d'abord que ce malheureux eut été conduit dans ses prisons, à instruire son procez. Comme c'étoit un traître & reconnu pour tel par Mr le Cardinal, dont il fut obligé lui-même de convenir, le Juge de Vitri ne fit point de difficulté de le condamner à la question, quoiqu'il n'y eut aucune preuve qu'il eut commis le meurtre dont il étoit soupçonné. On ne le ménagea pas en la lui donnant ; ensorte qu'aimant mieux mourir que de souffrir tant de tourmens, il avoüa que c'étoit lui qui étoit coupable de l'homicide dont on vient de parler. Le Juge lui demanda s'il l'avoit commis seul, & de quelle maniere cela s'étoit fait; & ayant déposé qu'il y avoit été assisté par un homme aussi cruel & aussi interessé qu'il le pouvoit être, puisque ce n'étoit que pour avoir son argent qu'ils l'avoient assassiné, ce Juge donna avis à Mr le Cardinal de sa déposition.

L'homme qu'il chargea fut la Plante, dont j'étois bien éloigné d'avoir cette pensée; si je l'eusse soupçonné d'être capable de ces sortes de coups, je ne me serois pas étonné de la résolution où il étoit de vouloir rompre ses fers à quelque prix que ce fût. Mr le Cardinal ordonna en même tems de faire con-

conduire sous bonne & sûre garde à la Bastille, le prisonnier qui étoit dans ses prisons de Vitri. Il l'envoya-là parce qu'en chargeant la Plante du meurtre dont je viens de parler, il l'accusa encore d'avoir trahi plusieurs fois Son Eminence dans le métier d'espion qu'il faisoit. Quelques jours avant que ce malheureux arrivât à la Bastille, lors que la Plante dormoit entre deux draps, parce qu'il étoit fatigué d'avoir travaillé toute la nuit à la muraille dont j'ai parlé, j'entendis ouvrir la premiere porte de nôtre Tour sur les neuf heures du matin, qui étoit une heure où nous n'avions pas coûtume d'être visitez par nôtre porte-clef. Il monta ensuite à nôtre chambre, & la Plante s'étant réveillé en sursaut au bruit qu'il fit en l'ouvrant: *Levez-vous, Monsieur*, lui dit-il, *& venez-vous-en avec moi.* Je ne sçûs ce que cela vouloit dire, & étant extrémement mortifié de ce qu'il l'alloit emmener, & que j'allois rester-là tout seul, parce que je me figurois qu'il ne l'amenoit avec lui que pour lui rendre la liberté, la Plante se leva; mais si tremblant, que si j'eusse sçû dequoi il étoit capable, je me fusse dit à l'heure-même, qu'il n'y avoit rien tel que de bien faire, puisque quand on se sentoit quelque chose sur sa conscience, on étoit dans un tremblement continuel.

Etant sortis tous deux, le porte-clef & lui, & la porte de la chambre ayant été refermée sur moi, le porte clef conduisit la Plante dans une Tour, qui étoit vis-à-vis de celle dont il venoit de sortir. Je le devinai tout aussi-tôt, le bruit qu'il fit en ouvrant cette Tour, me le faisant comprendre, sans que j'eusse besoin de le voir. Cependant tant tout étonné de ce qu'on nous ſéparoit ainſi, dont j'étois bien éloigné de deviner la raiſon, à peine le porte-clef m'eût-il amené mon camarade, que je fis tout ce que je pûs pour la vouloir pénétrer. Comme je m'enſeveliſſois dans mille penſées, qui ſe ſuccedoient les unes aux autres ſans que j'en devinſſe plus ſavant, j'entendis r'ouvrir la Tour où j'étois, & monter deux ou trois perſonnes. C'étoit Mr du Tremblai qui me venoit voir en ayant reçû ordre de Mr le Cardinal, qui avoit eu la bonté de ſe ſouvenir de moi aprés un ſi long oubli. Il me dit en m'abordant, avec un viſage gracieux, que Mr le Cardinal lui avoit ordonné de me dire qu'il me rendroit bien-tôt la liberté; que cependant je ne m'étonnaſſe point ſi l'on nous avoit ſéparez, la Plante & moi, que j'en ſaurois la raiſon quand je l'aurois recouvrée, qu'en attendant comme j'allois demeurer seul, si j'avois besoin de Livres, il avoit ordre de me fournir tous ceux que je lui demanderois.

Quoiqu'il ne m'eût vû que cinq ou six fois depuis que j'étois en prison, il ne m'en avoit pas laissé manquer ; qui plus est, il m'avoit envoyé tous les jours du papier & de l'ancre, afin d'écrire à ma femme quand j'en aurois la volonté ; mais j'avois été obligé de lui donner mes lettres toutes ouvertes, au lieu qu'il me rendoit celles de ma femme sans les décacheter, du moins s'il ne me les rendoit pas lui-même, il me les faisoit toûjours rendre par le porte-clef ; ce qui étoit la même chose pour moi. Il ne me dit rien davantage de la Plante que ce que je viens de dire, me cachant ses affaires, dont il étoit bien informé. En effet, en recevant ordre de nous séparer, Mr le Cardinal lui avoit ordonné en même tems de le mettre dans un cachot & de prendre garde à lui de bien prés. Je pris ce tems-là pour lui dire le travail qu'il avoit fait, & comment il m'avoit voulu tuër avec un chenet, parce que je m'y oposois. Il se prit à soûrire à ce discours, & quoiqu'il fut d'un caractere extrémement froid, & que d'ailleurs le poste où il étoit l'obligeoit à être trés-circonspect dans ses paroles, il ne se pût empêcher de dire : *Il avoit raison entre vous & moi de songer à se sauver, car je ne crois pas qu'il soit bon Marchand de tout ceci.* Je lui montrai en même tems, en ôtant la These de dessus la muraille, le travail qu'il y avoit fait. Il ne s'en étonna pas beaucoup, me disant que les prisonniers en faisoient bien d'autres, mais qu'il y prenoit garde ; que pour la Plante & moi il ne nous avoit pas surveillez, parce qu'il ne croyoit pas en avoir raison ; qu'il s'étoit pourtant trompé à l'égard de la Plante, mais que pour moi il étoit si sûr que je n'avois rien sur mon compte, qu'il ne feroit raccommoder ce qu'il avoit fait que lors que je serois sorti de prison.

Deux ou trois jours aprés que ce que je viens de dire arrivât, j'entendis sur les dix heures du matin ouvrir la porte de la Tour où la Plante avoit été mis, & étant curieux de savoir ce qui s'y passoit ; je m'aprochai de la pierre qu'il avoit cernée tout autour. Je m'étois aperçû que comme il en avoit fait autant de celle qui étoit audevant, du moins d'un côté, on pouvoit voir dans la cour qui est entre cette Tour & celle où j'étois ;

on voyoit même la porte de la Tour où étoit la Plante, mais avec un peu de peine, parce que l'ouverture, au travers de laquelle il falloit regarder, étoit toute des plus petites. Quand je fus-là je vis qu'on faisoit sortir la Plante pour le mener du côté où est le Guichet, ou pour parler plus juste, le Corps-de-garde, qui est entre le Pont-levis, par où l'on entre dans le Château, & les Tours où sont enfermez les prisonniers. Mr du Tremblai m'en avoit assez dit pour me douter qu'on le menoit à l'Arsenal pour l'interroger. La Plante revint vers les onze heures & demie, & comme l'homme est curieux naturellement & que je ne suis pas fait autrement que les autres, je me mis à élargir le trou de la pierre de l'entrée, en la grattant avec le fer dont la Plante s'étoit servi dans son travail. Si j'eusse pû faire la même chose à l'égard de la seconde pierre, je n'y aurois pas manqué, tant ma curiosité étoit grande; mais le fer étant trop court pour y pouvoir atteindre, je fus obligé, avant que de m'en pouvoir servir pour ce que je méditois, de l'enfoncer dans un bâton d'une grosseur proportionnée à l'ouverture de la premiere pierre, puis quand cela fut fait, je grattai la seconde avec ce fer, mais si doucement, de peur que le fer ne sortit du bâton, ou que le bâton ne se rompit, que la besogne que je fis par jour ne fut pas grande.

Neanmoins à force de m'y appliquer, ma vûë ne peina plus tant qu'elle faisoit auparavant; desorte que je vis encore la Plante aller trois ou quatre fois à l'interrogatoire. Comme depuis le premier jour que je m'étois mis à ce trou, j'y étois toûjours pendu, je vis arriver un jour à la Bastille le prisonnier qui venoit de Vitri le François, du moins je me doutai que c'en étoit un, & je ne me trompois pas, c'étoit même l'homme qui avoit accusé la Plante; ce que je ne sçûs qu'aprés être sorti de prison, & que l'on m'eût dit comment la Plante avoit été accusé; car auparavant je ne le pouvois sçavoir à moins que d'être devin. Ce nouveau prisonnier fut conduit dans une Tour au-delà du corps de logis où demeuroit alors le Gouverneur de la Bastille. Or ce qui me fit croire que l'affaire de ce nouveau prisonnier & celle de la Plante, n'étoient qu'une même chose, c'est que quelques jours aprés je les vis aller tous deux en même jour & à la même heure à l'interrogatoire; ce qui me fit juger qu'on les alloit confronter l'un à l'autre. Quinze jours aprés l'arrivée de ce prisonnier, comme j'étois encore pendu à mon trou, je vis entrer vers le midi, dans la Tour où étoit la Plante, un Docteur de Sorbonne avec son chaperon & son bonnet caré. Cela me sentit tout à-fait mauvais pour lui, & bien que j'en fremisse encore en moi-même quand je viens à y penser, parce qu'il ne faut qu'être homme pour avoir pitié de son semblable, je ne laissai pas d'être constant à regarder par mon trou. Lors que j'étois-là je vis encore entrer un autre Docteur en même équipage que le premier; ce qui me confirma plus que jamais que l'affaire du nouveau prisonnier & celle de la Plante étoient la même chose. Enfin, sur les quatre à cinq heures de l'aprés-dînée on les fit sortir tous deux, l'un aprés l'autre, de la Tour où ils étoient; la Plante commença le branle le premier, accompagné de son Docteur & du boureau, qui l'avoit si-bien lié qu'il ne lui pouvoit échaper. Le nouveau prisonnier le suivit de si prés, qu'il ne tenoit qu'à lui, ou plûtôt à ceux qui le conduisoient, car ils étoient tous deux environnés d'Archers, de marcher sur ses pas. Je sçûs quand je fus hors de prison qu'ils avoient été tous deux menez à la Gréve, où ils avoient été rouez tous vifs.

Voilà quel camarade j'avois eu dans ma prison ; ce qui me fait encore trembler presentement lors que je viens à y penser. Je recouvrai ma liberté à quelques jours delà, & Mr Cheret ayant eu ordre de Son Eminence de venir me l'annoncer de sa part, il me conduisit dans le cabinet de ce Ministre, où il lui avoit ordonné de m'amener au sortir de la Bastille. D'abord que Mr le Cardinal me vid, il me dit, avec une bonté qui me fit oublier tous les maux que j'avois soufferts durant ma prison : *Que direz-vous de moi de vous avoir puni d'une faute dont j'étois seul coupable, & dont vous étiés innocent?* Je compris par ces paroles que j'avois deviné juste quand j'avois crû que le manuscrit, dont j'ai parlé tantôt, avoit été cause de la perte de ma liberté. Cependant aprés me l'avoir apris lui-même, & rejetté ce qu'il avoit fait sur le zéle qu'il avoit pour le service de Sa Majesté : *Oubliez sincerement,* continua-t'il, *la faute que j'ai faite, sans qu'il vous en reste rien sur le cœur ; je vous assûre, foi de Cardinal & d'homme de bien, que je la réparerai par des endroits si touchans pour vous, que quand vôtre cœur seroit devenu pour moi aussi dur que du marbre, vous serez obligé de l'amolir à la vûë de mes bontez.* Je me jettai à genoux devant lui pour le remercier de ce qu'il daignoit me dire des paroles si obligeantes. Il me donna aprés cela sa main à baiser; dont se servant ensuite pour me faire relever : *Allez-vous-en*, me dit-il, quand je fus debout, *trouver Mr de Bullion de ma part, & qu'il vous expédie une Ordonnance de dix mille écus, il en a l'ordre.*

Je n'eus garde d'y aller de ce pas; je m'en fus voir ma femme, qui avoit pris ma prison plus en patience que je ne croyois, parce qu'elle avoit appris de Mr Cheret & même de la propre bouche de Mr le Cardinal, que quoiqu'il m'eût fait enfermer, je n'en étois pas plus mal dans son esprit. Je lui dis le present qu'il venoit de me faire, & comment j'allois trouver Mr de Bullion pour le toucher tout au plûtôt. Mr de Bullion avoit été fait Surintendant des Finances aprés la mort du Maréchal d'Effiat, qui l'avoit été ensuite de Mr de Marillac qui avoit quitté cette Charge pour être Garde des Sceaux. Mr de Bullion étoit à table avec plusieurs de ses amis, & entr'autres avec Beautru, lors que j'arrivai chez lui. Beautru faisoit alors bâtir une belle maison qui est aujourd'hui *l'Hôtel-Colbert*. Ce quartier-là qui n'étoit point bâti auparavant, s'embellissoit tous les jours. Mr Demeri qui a été Surintendant des Finances sous le régne du Roi d'à present, y avoit fait élever un superbe édifice, qui est encore regardé aujourd'hui comme un des plus beaux morceaux qu'il y ait dans Paris. La maison de Mr de Bullion n'en aprochoit pas, quoi-qu'il eut la clef des tresors; & qu'elle ne vint que d'être bâtie. Or Mr de Bullion ayant demandé à Beautru combien lui coûteroit la sienne; Beautru lui ayant répondu qu'elle lui coûteroit deux cens mille francs: *Et le pavé*, lui repartit Mr de Bullion, *le comptez-vous?* (Car en ce tems-là, quoiqu'il n'y ait pas encore bien long-tems, ce quartier étoit comme un desert; il y avoit bien à dire que les maisons fussent l'une sur l'autre comme elles sont presentement; il falloit donc que ceux qui faisoient bâtir fissent paver devant eux, à moins que d'avoir de la bouë jusqu'à mi-jambes. Il n'y avoit encore que Mr de Bullion qui l'eut fait devant sa maison, Mr Demeri ni Mr de l'Aurilliere son gendre, qui avoit fait bâtir une maison auprés de celle de son beau-pere, n'avoient pas encore fait paver devant eux; mais ils se disposoient à le faire.) Or Beautru qui se divertissoit de tout, & qui même divertissoit les autres de rien, tant il étoit d'un esprit agréable, dit alors à Mr de Bullion: *Tu pavisti, illi pavebunt, ego autem non pavebo*; c'est-à-dire, en bon Latin de cuisine, *Vous avez pavé, ils paveront, mais pour moi je ne paverai point. Et tu pavebis etiam*, lui répondit alors Mr de Bullion ; c'est-à-dire en même Latin que le précedent ; *Et vous, vous paverez aussi. Il faudra voir*, lui repliqua Beautru, *qui dira vrai de vous ou de moi. Ce sera moi*, lui répondit Mr de Bullion, *envoyez-moi seulement demain la Moriniere, aprés cela nous verrons ce qui en sera*. Ce la Moriniere étoit l'homme de confiance de Beautru, & Beautru le lui ayant envoyé, Mr de Bullion lui donna deux mille écus pour les porter à son maître, à condition de faire paver devant sa maison.

Quand j'eus parlé à Mr de Bullion, qui me fit asseoir auprés de lui pour s'informer de moi comment j'avois passé le tems à la Bastille, il me fit boire quatre ou cinq coups du plus excellent vin que j'eusse j'eusse bû de ma vie, (je ne m'en étonnai pas, parce qu'il est permis à un Surintendant des Finances d'en avoir de meilleur que les autres) je m'en retournai ensuite chez Mr le Cardinal, & Son Eminence ayant eu la bonté de me demander si Mr de Bullion avoit fait mon affaire, je lui répondis qu'elle n'étoit pas encore faite, mais qu'il avoit donné ordre à un de ses Commis de la faire incessamment; que cependant j'étois revenu chez lui bien plus savant que je n'étois lors que j'y étois allé, que j'y avois apris le Latin, & lui disant en même temps, *Tu pavisti, illi pavebant, ego autem non pavebo, & tu pavebis etiam,* Son Eminence qui ne comprenoit rien à ce galimatias, voulut savoir ce que je voulois dire par-là; je le lui expliquai, & Beautru étant entré une heure aprés chez ce Ministre, Mr le Cardinal lui dit d'abord qu'il le vid, *Tu pavisti, illi pavebunt, ego autem non pavebo, & tu pavebis etiam.* Beautru se trouvant salué de ce beau Latin, se douta bien que j'avois parlé, il m'en sçût mauvais gré, aussi bien que Mr de Bullion; ce qui fut cause que mon Ordonnance ne fut pas expediée de quelques jours. Je n'eus garde de m'en plaindre à Mr le Cardinal, il n'eut pas été prudent à moi de me mettre à dos un homme de la conséquence de Mr de Bullion; j'ai toûjours crû que chacun devoit se rendre justice, & que pour se sentir appuyé, il ne falloit pas se croire tout autre que l'on n'étoit.

Ma prison s'étant terminée de la sorte, à peine fus-je sorti de la Bastille, que Mr le Cardinal me dit de me tenir prêt pour m'en aller en Allemagne. Je n'y pûs aller parce que la fiévre me prit le lendemain, fiévre si violente, qu'on crût que j'en mourois. Mr le Cardinal fut fort fâché de ma maladie, s'imaginant qu'il en étoit cause. Il l'attribua à ma prison, & comme il étoit le meilleur maître du monde, & digne en un mot d'être adoré, non content de ce qu'il avoit déja fait pour moi, pour m'en faire perdre le souvenir, il eut encore la bonté de m'envoyer son Medecin & de lui commander de ne pas manquer de me venir voir tous les jours, & de lui rendre compte de l'état où il me trouveroit. Il fit encore bien davantage, car un jour qu'en s'en revenant de sa maison de Ruel il passoit devant le logis où je demeurois, il y fit arrêter son carosse, & montant lui-même à ma chambre, comme si ce n'eût pas été assez à un si grand Ministre d'envoyer tous les jours savoir de mes nouvelles, il daigna lui-même venir m'en demander. Je fus confus d'une grace si peu attenduë & si peu méritée, & lui ayant témoigné ce que j'en pensois, je fus tellement réjoüi d'une si grande marque de sa bonté, qu'elle servit davantage à me rendre la santé, qu'une infinité de remedes que son Medecin & le mien m'avoient fait prendre. Dés ce moment je me portai tous les jours de mieux en mieux, & étant bien-tôt sur pié, aprés avoir été en rendre graces à Dieu, qui est la premiere chose que l'on doit faire, je m'en fus ensuite chez Son Eminence à qui j'annonçai qu'aprés lui c'étoit à Elle que j'étois redevable de l'état où je me trouvois presentement.

Ma maladie ayant été cause, comme je viens de dire, que je ne pûs aller en Allemagne, Mr le Cardinal y envoya Sauvé. Il lui fit faire ce voyage pour y rassûrer tous les Princes qui étoient dans les interêts du feu Roi de Suede, que sa mort avoit un peu ébranlez. La victoire que le Duc de Weimart avoit gagnée, victoire complette, & où il avoit péri beaucoup de monde du côté de l'Empereur, n'avoit pas été capable de leur rendre le courage que ce malheur leur avoit ôté; ensorte que si Walstein eut voulu profiter de la consternation où ils étoient la plûpart, il est sans difficulté qu'ils se seroient rangez de son parti; mais ses interêts voulant qu'il ne fit pas finir la Guerre sitôt, au lieu d'envoyer vers ces Princes pour leur faire des offres avantageuses, il s'efforça au contraire de les animer encore davantage qu'ils n'étoient contre l'Empereur, en faisant saccager leur pays par des Partis que les débris de son Armée lui permettoient encore d'envoyer sur leurs terres. Sauvé eut donc toute la facilité qu'il pouvoit desirer pour réüssir dans sa négociation ; il raffermit tous ces Princes dans les interêts de la Couronne de Suede, qu'ils étoient tout prêts de quitter, & les ayant portez à renouveller l'alliance qu'ils avoient avec elle, ils consentirent de se rendre à Hailbron, Ville sur le Neckre, qui fut choisie tant de leur part que de celle de la Reine Christine, pour y conclure un nouveau Traité. Le Comte d'Orestiern Chancelier de Suede, s'y rendit tout exprés, & les choses s'y étant passées à la satisfaction des uns & des autres, on se prépara à la Guerre plus que jamais.

Walstein, pour ne pas voir flétrir sa réputation, à laquelle la perte de la Bataille de Lutzen étoit capable de porter coup, aprés en avoir imputé la faute à quelques Regimens qui avoient pleyé dés la premiere charge & fait arrêter ceux qu'il accusoit de cette lâcheté, il les fit conduire à Pragues, où il avoit résolu de leur faire faire leur procez. C'est pourquoi, aprés s'y être rendu, il y fit assembler le Conseil de Guerre, à qui il ordonna de juger ces prisonniers sans misericorde. Le Conseil-de-Guerre n'osa lui desobéïr, quoi-qu'il eut bien voulu sauver un jeune Officier qui n'avoit pas encore vingt ans & qui étoit beau comme l'amour ; mais aprés l'avoir condamné à perdre la tête, il fut le premier à lui demander grace pour lui. Il lui remontra que bien souvent à un âge si peu avancé, & principalement lorsqu'on n'avoit point encore fait de campagne, cas dans lequel se trouvoit ce jeune Officier, il n'étoit pas étonnant qu'on manquât quelquefois de fermeté, qu'il n'étoit pas donné à tout le monde de s'accoûtumer tout d'un coup au feu, mais qu'il n'en étoit pas de même aprés une campagne ou deux ; tellement que s'il faisoit grace à ce jeune homme, il lui seroit caution qu'il ne retomberoit plus dans la même faute.

Walstein se montra inexorable, dont le bruit courant en même tems par la Ville, toutes les femmes de qualité s'assemblerent, & étant touchées de la beauté & de la jeunesse de ce jeune Officier, qui étoit d'une naissance illustre, elles vinrent trouver ce Général, pour obtenir de lui ce qu'il avoit refusé au Conseil-de-Guerre. Il eut autant de dureté pour elles qu'il en avoit eûë pour lui, & ayant fait dresser au milieu de la grande Place un échaffaut qu'il fit couvrir de serge noire, ce jeune homme y eut la tête coupée, & avec lui onze autres Officiers, parmi lesquels il y avoit deux Colonels & un Lieutenant Colonel. Cependant afin de faire taire les Dames qui ne pouvoient s'empêcher de murmurer de cette action, qu'elles qualifioient mal à propos du nom de cruauté, il leur prépara un spectacle plus agréable. Il fit élever des mausolées superbes en l'honneur de ceux qui s'étoient signalez à la bataille, & y ayant fait graver des inscriptions qui rendoient témoignage de la fermeté avec laquelle ils s'étoient exposez aux périls où ils avoient rencontré la mort, tous les parens & tous les amis de ces défunts furent si touchez de la justice qu'il rendoit à leur memoire, qu'ils en furent plus disposez que jamais à se faire sacrifier pour lui. Toute son Armée qui l'aimoit déja beaucoup, parce qu'en ménageant ses propres interêts, il avoit soin aussi de ménager les siens, prit sujet delà de desirer que son élevation fut encore plus grande qu'elle n'étoit ; ce qui lui donnant lieu d'esperer que quelque ambition qu'il pût avoir elle se trouveroit bien-tôt remplie, il se nourrit de ces esperances au milieu des inquiétudes que la perte de la Bataille de Lutzen lui devoit donner.

Je fus bien mortifié de ce que ma maladie m'avoit empêché de faire ce qu'avoit fait Sauvé. Quoiqu'il eut du manége pour les négociations dont il y avoit long-tems qu'il se mêloit, je me flâtai que si j'avois été employé à celle dont il avoit été chargé, à cause que je ne m'étois pas trouvé en état de monter à cheval, j'y aurois réussi tout aussi-bien que lui. Je ne laissai pas, malgré un peu de jalousie que cela me donnoit, car j'avouë mon foible ſans qu'il ſoit beſoin de me donner la queſtion, de le congratuler ſur l'heureux ſuccez qu'il avoit eu dans ſon voyage. Il m'en ſçût bon gré, & comme nous étions aſſez bons amis, la joye qu'il en eut fit qu'il s'avança juſqu'à me dire : *Venez-vous-en ſouper avec moi l'un de ces jours, je veux vous dire quelque choſe dont vous pourez faire vôtre profit dans l'occaſion. Je ſuis bien-aiſe*, ajoûta-t'il, *que ma femme y ſoit preſente ; ſans cela vous ne voudriez peut-être pas me croire ſur ma parole ; mais quand ma femme vous confirmera la choſe, elle qui en eſt inſtruite tout auſſi-bien que moi, ce ſera alors que vous auriez tort de ne me pas croire.*

Sauvé avoit une des plus belles femmes de Paris, ce qui étoit cauſe que tout ce qu'il y avoit de gens de qualité alloient chez elle ; ſa cour ne desemplissoit point de carosses de gens de toutes sortes d'états, Princes, Ducs, Maréchaux de France, Cordons-bleux, Présidens, & en un mot, tout ce qu'il y avoit de personnes de distinction à la Cour & à la Ville. On y joüoit à grande prime, jeu qui étoit fort à la mode en ce tems-là; on y faisoit plusieurs tables tant d'hommes que de femmes, car elle étoit visitée des Dames aussi-bien que des Cavaliers, quoiqu'en plus petite quantité: quand on étoit las de jouër l'on causoit, & c'étoit alors que Madame Sauvé primoit par-dessus toute la compagnie, ayant encore plus d'esprit que de beauté. Comme je connoissois un peu le terrain, quoique je n'eusse jamais été chez elle: *Vous voulez*, répondis-je à son mari, quand il m'eut dit qu'il vouloit me donner à manger chez lui, & que sa femme en seroit; *vous vous lez*, dis-je, *que j'aille souper chez vous l'un de ces jours, à quelle heure prétendez-vous donc que nous soupions? Dites plûtôt*, ajoûtai-je, *que vous voulez me donner à déjûner, puisque Madame vôtre femme n'est jamais seule qu'à trois heures du matin.* Sauvé se trouva surpris à l'objection que je lui faisois, & ne pouvant nier qu'elle ne fut juste : *Je suis*, me répondit-il, *tellement accoûtumé à souper à cette heure-là, que j'apelle* soupet *ce que vous apellez* déjûner; *mais qu'importe quel nom on donne au repas que je fais, il me suffit que vous sachiez que c'est à cette heure-là que je vous convie. Si c'est à cette heure-là*, lui repartis-je, *trouvez bon que ce soit à cette heure-là que je me* déconvie; *hé que diroit ma femme si étant à Paris j'allois passer la nuit hors de chez elle? Je ne veux pas qu'elle ait à me faire ce reproche, & ce seroit-là la pre-*

miere fois que je lui en aurois donné sujet. Bon Dieu! me répondit-il, *que cela est bourgeois, de me parler comme vous faites, une personne du monde peut-il tenir ce langage? Prenez-moi*, lui repliquai-je, *pour être du monde ou pour n'en être pas, c'est dequoi je me mets peu en peine; mais ajustons*, lui dis-je, *ce different, venez-vous en l'un de ces jours souper chez moi avec Madame vôtre femme, qu'elle fasse banqueroute pour une soirée seulement à tant de gens qui ne sauroient que la fatiguer par de si longues visites; aprés cela nous nous entretiendrons tout à nôtre aise de ce que vous avez à me dire: Si vous trouvez même*, ajoûtai-je, *que ma femme ne doive pas être de nôtre souper, elle n'en sera pas; il n'y a rien que je ne fasse pour vous contenter, pourvû que ce ne soit pas au prix de découcher de chez moi.* Il me railla encore de la délicatesse que j'avois là-dessus, me disant que de l'hûmeur dont j'étois il parieroit bien que si l'on abandonnoit à ma discretion la plus belle femme de la Cour, je renouvellerois en moi le personnage de Celadon, que Mr Durfée introduit sur la Scene avec tant de simplicité, pour ne pas dire de sottise, que se trouvant seul avec Astrée & dans une occasion favorable de lui témoigner ce qu'il se sentoit pour elle, n'avoit jamais osé lui baiser le bout du doigt : *Vous n'y pensez pas*, lui répondis-je, *de traiter ainsi de sottise le personnage que Mr Durfé fait faire à son Heros. Je ne me connois pas en Romans, mais il seroit à souhaiter que dans tous ceux qui paroissent, il y eut autant d'esprit qu'il y en a dans le sien. S'il y a de l'esprit*, me repartit-il, *dont je ne veux pas disconvenir, de peur de m'atirer sur les bras les partisans de Mr Durfé, ce n'est pas toûjours à l'égard de ce qu'il dit en cet endroit de Celadon ; du moins*, ajoûta-t'il, *si Mr Durfé étoit encore au monde aujourd'hui, & qu'il s'avisât de prêcher cette morale, combien fronderoit-on contre lui ? Qui est l'homme & même qui est la femme qui se trouve d'un goût si dépravé ? chacun veut aller au fait..... Tant pis* , lui repliquai-je ; *pour les pauvres maris , principalement pour ceux dont les femmes voyent beaucoup de monde.*

Je ne songeois nullement à la sienne en lui tenant ce discours, & j'en apelle le Ciel à témoin ; mais se mettant en tête que je l'avois en vûë, il se mit à me brusquer, comme si j'avois eu dessein de lui faire insulte. Je lui dis tout ce que je pûs d'honnête & d'obligeant pour lui faire connoître que ce n'avoit jamais été là mon intention ; mais ne m'en voulant pas croire sur ma pafole, il me quitta brusquement sans faire façon de me dire que je m'en repentirois avant qu'il fut peu ou qu'il en mouroit en la peine. Je ne me souciai guéres de ses menaces, ne le croyant pas en pouvoir de me faire grand mal. Je tâchai cependant dans toutes les occasions que j'en eus, d'adoucir son esprit. Je lui fis même dire par deux ou trois de mes amis, que je n'avois jamais eu intention de le chagriner; que je savois, graces à Dieu, trop bien vivre pour me broüiller jamais de gayeté de cœur avec personne, sur tout avec un homme que j'estimois autant que lui. J'en dis autant quelques jours aprés à sa femme, que je trouvai par hazard chez une Dame de mes amies. Elle fut la premiere à me parler de la broüillerie que j'avois eûë avec son mari, dont il falloit bien qu'il l'eût entretenuë, puisque je n'avois parlé à personne de ce qui s'étoit passé entre nous deux. Or comme je l'en trouvai instruite, je pris cette occasion aux cheveux pour l'assurer que j'avois trop de consideration pour elle & pour lui, pour avoir jamais songé à les chagriner ni l'un ni l'autre. Elle en usa avec beaucoup de politesse à mon égard; elle me répondit qu'elle en avoit toûjours été bien persuadée, & qu'il ne tiendroit pas à elle qu'elle ne me raccommodât avec son mari. En effet, elle y fit ce qu'elle pût, mais elle n'y pût réüssir, tant il s'étoit laissé prévenir contre moi; il falut bien m'en consoler, puisqu'il n'y avoit point de remede.

Walstein aprés avoir refait son Armée pendant l'Hyver, s'oposa en tout & par tout aux Suedois, qui porterent la Guerre dans diverses Provinces de l'Empire. Les succez en furent differens de part & d'autre : cependant l'Empereur s'imaginant que ce General qui pilloit les Provinces de l'Empire pour satisfaire à ses profusions envers les principaux Officiers de son Armée qu'il tâchoit de gagner par-là, en auroit pû faire davantage qu'il n'avoit fait ; il lui devint suspect à un point, qu'il résolut de lui ôter le commandement de ses Troupes, qu'il avoit été obligé de lui rendre lorsque ses affaires étoient entierement desesperées. Il communiqua son dessein à son Conseil, qui haïssoit Walstein à mort, parce qu'il s'étoit rendu indépendant de lui lorsqu'il avoit repris le commandement de l'Armée. Le Conseil n'eut garde, dans la haine qu'il lui portoit, de détourner l'Empereur de sa résolution, il l'y confirma bien plûtôt : cependant ce même Conseil trouvant qu'il y auroit du danger de le

déposer de sa dignité, parce-qu'il avoit gagné la plûpart des Officiers; ensorte qu'ils étoient prêts à faire toutes choses pour lui, il fut résolu de le faire arrêter. Il en fut averti par un de ses amis qui étoit à la Cour de l'Empereur; surquoi ayant tenu Conseil lui-même avec ceux qui lui étoient les plus affidez, il assembla par leur avis tous les Officiers de l'Armée, parmi lesquels il y en avoit encore quelques-uns qui étoient fidéles à l'Empereur. Devant que d'en venir-là, il s'aboucha secretement avec les Suedois,
1634 ayant fait un voyage tout exprés à Egra, afin de convenir avec eux de ce qu'ils auroient à faire quand il se seroit une fois revolté tout ouvertement contre l'Empereur; cela ne pût être si secret, que ce Prince n'en fut averti; ce qui le fit résoudre à le faire assassiner.

L'Empereur ne se porta à cette extrémité qu'aprés que Walstein eut assemblé son Armée, à laquelle pour être plus sûr de sa bonne volonté, il exposa qu'il en alloit quitter le commandement. La plusspart des Officiers s'écrierent aussi-tôt qu'ils ne le souffriroient pas, & taxant l'Empereur d'ingratitude envers lui, parcequ'il avoit exposé dans son discours que ce qui étoit cause de sa résolution, c'est que Sa Majesté Imperiale défendoit secrettement à tous les cercles de l'Empire, de l'assister d'hommes & d'argent, ils lui protesterent qu'ils le suivroient par tout où il les voudroit mener. Il fit distribuër de l'argent aux soldats pour les porter à lui être fidelles dans leurs promesses, & ayant donné ensuite un grand souper aux principaux Officiers du nombre desquels étoient les Colonels Kinchi, Tersic, Illo & Neuman; ceux-ci proposerent aux autres, quand on fut une fois entre la poire & le fromage, de s'obliger tous par écrit de deffendre Walstein envers & contre tous. Leslé & Gourdon, Ecossois de Nation, qui combattoient sous les Enseignes de Walstein, & dont Leslé même étoit Capitaine des Gardes, donnerent leur signature comme les autres, & s'y montrerent même les plus échauffez; mais l'Empereur les ayant gagnez deux jours aprés, ils se servirent de la confiance que Walstein avoit en eux, pour faire leur coup plus sûrement; ils prirent leur tems pour prier à souper les quatre Colonels dont je viens de parler. Ils étoient le bras droit de ce Général, & Leslé & Gourdon les aprehendoient plus que les autres, parce que l'Armée avoit beaucoup de consideration pour eux. Or les aiant attirez dans le Château d'Egra, où ils commandoient, sous prétexte de leur y faire bonne chere, ils eurent tout exprés quelques paroles avec eux, & les firent assassiner au milieu du repas.

Walstein étoit logé dans la Ville, où il n'avoit garde de se défier de ce qui se passoit ; il étoit bien éloigné de croire qu'un pareil coup pût jamais venir de la main de ces deux hommes qu'il avoit pris soin d'avancer : cependant sa maison étoit environnée soldats tous prêts à lui faire le même traitement qu'on venoit de faire à ces quatre Colonels, d'abord qu'ils apercevroient par un signal qui se devoit faire au Château, qu'il seroit tems de jouër des coûteaux. Or le signal ayant paru, ces Soldats ayant à leur tête quelques Gardes même de Walstein, commandez par un Capitaine que

Gourdon & Leslei avoient gagné, ils monterent à la chambre de ce Général, qu'ils trouverent en robe de chambre; ils le tuërent à coups de hallebarde qu'ils lui donnerent au travers du corps, lorsqu'il avoit la bouche ouverte pour leur demander à quelle intention ils entroient ainsi dans sa chambre.

Voilà quelle fut la fin de Walstein Duc de Fridlant, Capitaine de grande réputation, & qui de peu de chose qu'il étoit au commencement, s'étoit tellement élevé, qu'il avoit fait trembler jusques à son Maître. Quand je dis ici qu'il étoit peu de chose au commencement; ce n'est que par raport aux biens de fortune, & non pas à sa naissance, car il étoit homme de qualité; mais né avec fort peu de bien & même avec un esprit si pesant en aparence, que l'on n'eut jamais

crû

crû qu'il eut été capable de faire un jour une si grande fortune. Il dormoit presque toûjours dans sa jeunesse, & s'étant un jour, lors qu'il étoit sur une fenêtre, laissé aller au sommeil, il tomba du haut en bas sans se faire de mal. Un homme qui passoit dans la ruë où il venoit de tomber, l'ayant consideré entre deux yeux, dit alors tout haut devant quantité de gens qui s'étoient assemblés autour de Walstein, ne pouvant assez admirer comment il ne s'étoit point blessé : *Ce seroit dommage que cet enfant se fut tué ou qu'il fut estropié de cette chûte, il fera un jour parler de lui avantageusement ; mais avec tout cela, je doute fort qu'il meure jamais dans son lit.* Tous ceux que j'ai connus qui avoient été en Bohême, m'ont tous raporté la même chose sans que j'en aye jamais vû un seul qui en parlât d'une autre maniere.

D'abord que le Roi sçût que la Princesse Marguerite de Loraine étoit allée trouver le Duc d'Orleans à Bruxelles, & que ce Prince aprés avoir déclaré son Mariage avec elle, ils demeuroient ensemble comme mari & femme. Sa Majesté en fut outrée contre lui; Elle vit bien que c'étoit un tour que lui joüoient les ennemis de son Etat, afin que ce Prince en fut moins disposé que jamais à s'en revenir en France. Le Roi n'avoit pas tort d'être dans cette pensée; comme le Duc étoit fort variable dans toutes ses résolutions, il s'étoit tenu un Conseil à Madrid pour savoir comment on s'y prendroit pour l'obliger à n'être plus si changeant qu'il avoit toûjours été. On avoit trouvé qu'il n'y avoit pas de meilleur moien que de lui envoier la Princesse, parce que le Duc lui ayant témoigné beaucoup d'amitié lors qu'il l'avoit épousée, on présumoit delà que quand il l'auroit une fois auprés de lui, il ne se pouroit plus résoudre à la quitter. Les Espagnols qui fournissoient à la Reine mere, depuis qu'elle s'étoit retirée à Bruxelles, dequoi subvenir à son entretien, prirent soin encore de fournir ce qu'il faloit au Duc d'Orleans & à la Princesse Marguerite. La Princesse de Phalsbourg sachant que le Duc l'avoit bien reçûë & qu'il en usoit avec elle de la maniere qu'il s'y croyoit obligé, crût qu'à son égard il en seroit de même de Puilaurens. Il étoit à la suite du Duc, & la Princesse l'aiant sommé de lui tenir la parole qu'il lui avoit donnée de le pousser, il tâcha de la renvoyer en Loraine ; s'excusant de la contenter tantôt sous un prétexte & tantôt sous un autre : elle vit bien, comme c'étoit la verité, qu'il ne cherchoit qu'à l'amuser. Puilaurens étoit un homme tout rempli d'ambition, & qui n'ayant pour tout bien que celui que lui avoit déja fait son Maître, & celui qu'il en esperoit à l'avenir, n'étoit pas si simple que d'épouser une Princesse qui n'avoit pour tout dot qu'une grande naissance sans être soûtenuë d'aucuns biens de la fortune; s'il eut fait cette folie, c'eût été allier la faim avec la soif. Tâchant donc toûjours de la renvoyer en Loraine, elle prit une arme à feu & le fut attendre sur l'escalier du Palais où logeoit le Duc d'Orleans; mais la grande précipitation qu'elle eut à le tirer d'abord qu'elle le vit paroître, lui ayant fait manquer son coup, le Gouverneur des Pays-Bas, à la priere du Duc d'Orleans, qui eut peur pour son favori, lui fit commandement de sortir des Etats du Roi d'Espagne. Il auroit bien mieux valu pour elle qu'elle n'y fut jamais entrée que de recevoir un tel affront ; mais dans l'envie que les Espagnols avoient que le Duc fut content d'eux, afin qu'il ne songeât pas à les quitter, ils n'eurent aucune attention aux interêts de cette Princesse.

Mr le Cardinal ne fut pas du sentiment des Espagnols qui avoient crû qu'en faisant venir la Princesse Marguerite à Bruxelles, le Duc d'Orleans ne seroit plus changeant comme il l'avoit toûjours été, il crût au contraire qu'il ne seroit pas fait autrement que les autres hommes, à la plûpart desquels la joüissance cause du dégoût. Il est vrai que la Princesse étoit belle, à la regarder en détail ; elle avoit un beau front, de beaux yeux, une belle bouche, de belles dents, le tour du visage agréable : ses yeux ne disoient rien, d'ailleurs elle étoit toûjours pâle comme la mort : ce qui n'est pas un grand agrément pour un homme. Or Mr le Cardinal étoit persuadé qu'une beauté mourante comme la sienne, étoit bien moins capable de réveiller qu'une beauté médiocre, de laquelle on voit sortir le feu par les yeux. Cependant comme le Mariage que le Duc avoit contracté avec elle à l'insçû du Roi, & sans lui en avoir demandé son consentement, qu'il ne lui auroit jamais accordé, par la raison que je vais dire, étoit d'une trop grande conséquence pour le souffrir. D'abord que Sa Majesté sçût qu'ils avoient levé le masque, & que bien loin de dire, comme ils avoient toûjours fait jusques-là, qu'ils n'étoient point mariez, ils habitoient ensemble comme mari & femme, Elle monta au

Parlement pour faire déclarer leur Mariage nul.

Si-tôt que le Roi y eut pris séance, & que chacun des membres dont cet Auguste Tribunal est composé, s'y furent assis, le Chancelier se leva, & representa avec beaucoup de force comment il n'étoit pas permis aux Princes du Sang de se marier sans le consentement du Souverain. Il en raporta plusieurs raisons, tandis qu'il tût celle qui animoit davantage le Roi & son Ministre contre ce Mariage. Sa Majesté n'avoit point encore d'enfans de la Reine Anne d'Aûtriche sa femme, quoiqu'il y eut déja dix-sept ans qu'il fut marié avec elle; ainsi tant que le Duc avoit été en France, sa Cour avoit été presque aussi grosse que la sienne. C'en étoit plus qu'il n'en falloit pour déplaire à Sa Majesté, qui n'étoit pas fait autrement que les autres Souverains, qui n'aiment pas que leurs sujets fassent leur cour à d'autres qu'à eux. Chacun regardant le Duc comme l'heritier présomptif de la Couronne, s'étoit empressé de gagner ses bonnes graces; cet empressement même étoit devenu encore plus grand lors qu'on l'avoit vû marié avec l'heritiere de Montpensier; l'on avoit suposé qu'il en auroit bien-tôt des enfans qui assureroient la Couronne dans sa famille: mais cette Princesse n'aiant eu qu'une fille, & étant morte quelques jours aprés être accouchée, Mr. le Cardinal representa tout aussi-tôt au Roi qu'il ne devoit point permettre que son frere se remariât. Il fonda son raisonnement sur ce que ce Prince aiant trop de confiance en ses favoris, qui trouvoient leur avantage à troubler l'Etat, il ne faloit point encore lui donner du relief

relief par des enfans qui lui viendroient, & dont l'aîné étant régardé comme l'heritier présomptif de la Couronne, il s'ensuivroit que tout ce qu'il y avoit de gens de qualité s'attacheroient à lui; que la Cour de Sa Majesté ne sentiroit plus aprés cela que celle d'un petit Prince d'Italie, pendant que la sienne sentiroit celle d'un grand Roi: ce qu'Elle devoit empêcher à quelque prix que ce fût.

Mr le Cardinal avoit mis cette raison en avant, comme plus capable qu'aucune autre de faire impression sur l'esprit de Sa Majesté; Elle étoit jalouse de son autorité, comme de raison; mais Son Eminence ne disoit pas qu'elle se couvroit de ce manteau, afin que l'on ne s'aperçût pas de la passion qu'elle avoit d'élever sa famille. Le Roi & le Duc d'Orleans n'ayant point d'enfans, pour remplir le Trône aprés leur mort, c'étoit au Prince de Condé à qui devoit écheoir la Couronne. Or ce Prince avoit un fils aîné dont Son Eminence minutoit déja le Mariage avec Mademoiselle de Bresé sa niéce, fille d'Urbain de Maillé Maréchal de France & de sa sœur, lequel a eu son accomplissement depuis. Dans cette vûë il n'avoit garde qu'il n'employât toute l'autorité du Roi son maître, pour empêcher que le Mariage clandestin qu'avoit fait le Duc d'Orleans ne fut aprouvé, & il y réüssit si bien, que conformément à la Déclaration que le Roi avoit apportée au Parlement, cette Compagnie celebre donna un Arrêt par lequel elle déclara ce Mariage nul, comme ayant été contracté contre la volonté du Roi. Cependant comme Elle étoit bien-aise de ne rien faire à la hâte; & qui lui pût être reproché par la posterité, Elle voulut, avant que de lui voir rendre cét Arrêt, en avoir l'avis de la Sorbonne; elle fut du sentiment que les Princes du Sang ne se pouvoient marier sans l'exprés consentement de leur Souverain: ce qui étoit conforme à la raison.

Le Duc de Loraine qui par ce Mariage & par quantité d'autres choses qu'il avoit faites qui déplaisoient également au Roi, s'étoit broüillé entierement avec Sa Majesté; ensorte qu'elle l'avoit dépoüillé de la plus grande partie de ses Etats, s'avisa alors, pour en joüir sous le nom de son frere, de lui faire épouser la sœur de sa femme, & de lui en faire cession: le Prince renonça pour cela à la pourpre, qui étoit incompatible avec une femme. Le Roi voyant que ce n'étoit qu'un artifice dont le Duc se servoit pour continuer le mauvais procedé qu'il tenoit depuis si long-tems avec lui ; aprehendant d'ailleurs qu'il s'étoit retiré vers les ennemis de son Etat ; avec qui il complotoit diverses choses contre son service, bien loin de s'adoucir par ce Mariage, s'en trouva encore plus irrité contre lui. Il donna donc ordre aux Troupes qu'il avoit dans la Loraine de se saisir de Lunneville, où ce Mariage avoit été celebré ; le Prince François y étoit encore avec sa femme, aux nôces de laquelle la Duchesse de Loraine avoit assisté ; elle y étoit aussi avec eux, & n'ayant pas eu le tems de s'enfuïr, parce que l'Armée du Roi les prévint par sa diligence, celui qui commandoit cette Armée leur dit qu'en attendant qu'il eut reçû les ordres du Roi touchant leurs personnes, il alloit toûjours les mener à Nanci. Ils y furent conduits, non comme prisonniers, mais comme des personnes dont la conduite étant suspecte il étoit bon de les observer; cependant ils y furent traitez avec beaucoup de respect, ensorte qu'ils n'eurent pas sujet de s'en plaindre: mais comme ils trouvoient que c'étoit avoir perdu en quelque façon leur liberté, que d'être observez comme ils l'étoient, le Prince & la Princesse mirent toute leur étude à se sauver, peut-être que la Duchesse en eut fait de même, s'ils lui eussent fait part de leur dessein; mais se défiant d'elle, parce qu'elle n'étoit pas trop contente de son mari, ils s'en cachèrent avec soin; ensorte qu'elle apprit plûtôt qu'ils s'étoient sauvez, qu'elle ne se doutât qu'ils avoient envie de le faire. Ils sortirent de la Ville déguisez en païsans, & ayant trouvé des chevaux à un quart de lieuë delà, il se retirerent à Bruxelles.

Dans le tems qu'ils songeoient ainsi à se tirer des mains des François, le Duc d'Orleans songeoit de son côté à se tirer de celles des Espagnols. Ce Prince qui malgré tous les sujets qu'il avoit donnez au Roi de se plaindre, avoit le cœur grand & digne de sa naissance, aprenant que le Cardinal Infant arrivoit incessament dans les Pays-Bas, dont Sa Majesté Catholique lui avoit donné le Gouvernement, & qu'entre autres prétentions il comptoit comme fils d'Espagne, aussi-bien qu'il étoit fils de France, de préceder en tout & par tout ; il voulut éviter l'affront qui lui étoit préparé par-là, en se raccommodant avec le Roi son frere. Puilaurens gagné par le Cardinal qui lui avoit promis de la part du Roi un Brevet de Duc & Pair, & de la sienne, de lui donner en Mariage une de ses parentes, sœur du Marquis de Coaiſlin Colonel General des Suiſſes, s'il pouvoit porter ſon Maître à rentrer dans ſon devoir, fut le premier qui lui parla de la prétention du Cardinal Infant, à laquelle il n'avoit pas fait encore d'attention. (Car quoique ce Prince fut parti d'Eſpagne, il y avoit déja quelque temps, on ne ſçavoit encore quand il arriveroit en Flandres.) Le Roi de Hongrie qui aprés la mort de Walſtein avoit eu le commandement de l'Armée de l'Empereur, ſachant que cette Eminence paſſoit en Allemagne avec dix huit mille hommes qu'il menoit en Flandres, il l'envoya prier de ſe joindre à lui pour s'opoſer aux Suedois, dont les forces étoient ſuperieures aux ſiennes.

Quoique le Cardinal Infant fut dans la neceſſité de faire diligence, à cauſe que le Marquis d'Ajetonne avoit été obligé de lever le siége de devant Maëstrecht, & que les Hollandois avoient assiegé Breda, qu'ils pressoient de toutes leurs forces ; il ne voulut pas refuser son secours à un Prince de son sang, qui en avoit tant de besoin. Cela l'empêcha d'arriver en Flandres si-tôt qu'il croyoit, & Puilaurens ayant pris ce temps-là pour persuader à son Maître qu'il devoit se raccommoder avec la Cour, le Duc d'Orleans insista à ce que le Roi son frere donnât son consentement à son Mariage. Puilaurens le lui promit, sans en avoir parole de Son Eminence ; il est vrai que ce Ministre ne le lui refusa pas positivement, il lui dit au contraire que cette affaire s'accommoderoit quand il seroit à Paris ; mais que presentement il n'étoit pas tems d'en parler, parce que le Roi venant de faire ce qu'il avoit fait à l'égard de ſon Mariage, il y alloit de ſon honneur à ne s'en pas démentir ſitôt. Le Duc à qui Puilaurens fit ce raport, ajoûta foi à ce que lui diſoit ſon favori, & ayant fait pluſieurs parties de chaſſe l'une aprés l'autre, afin que ſi les Eſpagnols qui ſe défioient de lui, l'obſervoient dans les premieres, ils miſſent leur eſprit en repos en le voyant ſi ſouvent prendre le même plaiſir;il partit un beau jour ſous prétexte d'aller chaſſer dans la Forêt de Soignies qui n'eſt qu'à deux lieuës de Bruxelles. Il avoit des relais de diſtance en diſtance, & ayant bien-tôt gagné la frontiere de France, il fut trouver le Roi à Saint Germain en Laye, où il en fut bien reçû. Le Roi lui dit pourtant qu'il n'oublioit le paſſé qu'à condition qu'il deviendroit plus ſage à l'avenir.

Le Cardinal Infant qui avoit apris que le Marquis d'Ajetonne s'étoit vengé de l'affront qu'il avoit reçû devant Maëstrecht, en rendant le change aux Hollandois qu'il avoit obligez de lever le siége de devant Breda, eut avis alors du dessein du Duc d'Orleans, qu'il n'avoit pas encore executé. Comme il marchoit vers Nortlingen Ville de Suabe, conjointement avec le Roi de Hongrie, pour en chasser les Suedois qui s'en étoient rendus les maîtres, l'attention qu'il eut à se précautionner contre de si puissans ennemis, fit qu'il ne pût de quelques jours faire part de cette nouvelle au Marquis d'Ajetonne à qui c'étoit à y donner ordre. Cependant le Duc de Weimart apprenant que le Roi de Hongrie & le Cardinal Infant en vouloient à Nortlingen, assembla toutes les Troupes de son parti pour être en état de leur résister ; elles étoient dispersées çà

& là en plusieurs endroits. Le Rhingrave Othon à qui il ordonna de le venir trouver avec six mille hommes qu'il commandoit, n'eût pas plûtôt reçû ses ordres qu'il se mit en marche pour le joindre; mais quelque diligence qu'il pût faire, le Roi de Hongrie & le Cardinal Infant ayant paru avant qu'il pût arriver, le Duc de Weimart assembla le Conseil de Guerre pour résoudre si on devoit attendre sa venuë ou si l'on devoit combattre sans lui. La prudence devoit faire préférer l'un à l'autre; mais le Maréchal Horn ayant remontré que la plûpart des Troupes que le Cardinal Infant avoit amenées avec lui, n'étoient que des Troupes de nouvelles levées, & qu'aprés avoir battu Walstein qui avoit à la journée de Lutzen toutes les forces de l'Empire, il étoit indigne de leur courage & de leur réputation, de faire plus d'attention au nombre qu'à la valeur, le combat fut résolu tout d'une voix. Il fût sanglant de part & d'autre; mais la fortune aprés avoir été quelque tems comme incertaine de quel côté elle tourneroit, ayant panché tout-d'un-coup du côté des deux Princes, ils remporterent une victoire si entiere, qu'il y avoit long-temps qu'il n'y en avoit eu une semblable. L'Infanterie Suedoise fût défaite à plate coûture, & leur cavalerie ayant beaucoup souffert, le Duc de Weimart prit la fuite avec ce qui en restoit : Pour ce qui est du Maréchal Horn, il fut fait prisonnier, aprés avoir fait tout ce qu'on pouvoit attendre d'un bon Général & d'un bon Soldat.

Le lendemain de la Bataille qui se donna le 6. de Septembre, Nortlingen se rendit à discretion : ce furent les premiers fruits que les deux Princes receüillirent de leur victoire ; mais ils furent suivis de tant d'autres, que les Suedois déchûrent tout-d'un-coup de la haute réputation qu'ils avoient acquise sous le grand Gustave. On commença même à dire tout haut, tant on se montre injuste dans ses sentimens & tant on a coûtume de les régler suivant le cours de la fortune, que c'étoit l'ame du grand Gustave qui avoit gagné la Bataille de Lutzen, & que toute la part qu'y avoit eue le Duc de Weimart avoit été de suivre son ombre qui le conduisoit. Cependant on avoit dit des merveilles de ce Prince d'abord qu'il avoit gagné cette Bataille ; mais c'étoit assez que la fortune lui eut tourné le dos, pour faire que ceux qui lui donnoient le plus de loüanges auparavant, fussent les premiers à le blâmer. Les habitans de Nortlingen donnerent trois cens mille écus au Roi de Hongrie, pour exempter leur Ville du pillage. Ce Prince leur en vouloit extraordinairement, parce qu'ils avoient fait des feux de joye lorsque les Suedois étoient devenus leurs maîtres, & le leur ayant reproché aprés sa victoire, il les obligea de lui en demander pardon à genoux.

Le Duc de Loraine qui combattoit pour ces deux Princes avec un Corps de Lorains qu'il avoit conduits à leur secours, fut un de ceux qui se signala le plus à cette Bataille, où il prit l'étendart des Gardes du Duc de Weimart. Il étoit de damas blanc, dont le haut, le bas & les deux côtez, étoient en broderie d'or; il n'y avoit que le milieu qui ne l'étoit pas, mais il y avoit au lieu de broderie un oiseau de proye qui fondoit sur un aigle, & cet aigle étoit dans la posture où l'on voit une perdrix qui aperçoit en l'air l'oiseau dont elle va devenir la proye. Il y avoit pour devise à cet étendart ce mot latin *coactus* : celui qui l'avoit inventée voulant dire par-là que l'Empereur, qui étoit figuré par l'aigle, parce que l'Empire a un aigle pour armes, alloit être contraint, & c'est ce que signifie *coactus*, de reconnoître les Suedois pour ses maîtres; mais comme on s'abuse souvent dans son calcul, cette Nation se trouva bien éloignée de son compte ; aprés la perte de cette Bataille.

En effet, bien loin de faire les conquêtes ausquelles elle s'attendrit, elle perdit la plûpart de celles qu'elle avoit faites sous le régne du grand Gustave. La Baviere retourna sous la domination de son Souverain légitime, & pour comble de malheur pour elle, le Rhingrave Othon qui accouroit en grande hâte avec ses six mille hommes, croyant arriver encore assez à tems pour se trouver à la bataille, se vit acculé tout-d'un-coup dans un coin où le Duc de Loraine le prit à son avantage & le défit entierement. La Suabe, la Franconie, le Wirtemberg, furent encore des fruits de la victoire que les deux Princes venoient de remporter. Le Duc de Saxe avoit alors assiegé la ville de Pragues, dont il prétendoit chasser la garnison Imperiale; mais il n'eut pas plûtôt appris le succez de la Bataille, qu'aprés s'être retiré de devant cette Place pour aller deffendre ses Etats, que les Imperiaux mettoient à feu & à sang, comme il vit qu'il n'étoit pas assez fort pour en venir à bout, il chercha à s'accommnder avec l'Empereur. On n'y voulut point entendre qu'il ne promit de changer de parti; & c'est ce qu'il fut

fut obligé de faire pour empêcher que son païs ne fut ruïné entierement. Cet accommodement ne se fit pourtant que l'année suivante, quoiqu'il se fut ménagé immédiatement aprés la perte de la Bataille.

Or les Suedois qui avoient plus d'interêt à faire la Guerre dans le cœur de l'Allemagne que sur le Rhin, étant prêts de l'abandonner, en avertirent le Roi, afin qu'il y donnât ordre. Sa Majesté y fit marcher une Armée sous le commandement des Maréchaux de Bresé & de la Force. Jean de Wert les prévint, & s'étant saisi de la ville d'Heïdelberg, il fit sommer le Château de suivre l'exemple de la Ville. Celui qui y commandoit au lieu de se rendre, comme Jean de Wert prétendoit, répondit à coups de canon à la sommation qui lui en fut faite: cela obligea Jean de Wert de l'attaquer dans les formes. Le Gouverneur se défendit bravement, & ayant donné le tems aux deux Maréchaux d'arriver assez tôt pour le secourir, Jean de Wert qui avoit fait une longue campagne, & qui ne se voyoit pas en état de résister à une Armée fraîche, prit le parti d'abandonner la Ville & de se retirer. Les deux Maréchaux, à qui le Gouverneur livra le Château, afin de pouvoir se rendre dans l'Armée de Suede, y mirent Garnison aussi-bien que dans la Ville. Ils firent encore la même chose à l'égard de Philisbourg, que les Suedois avoient conquise avant la mort du grand Gustave, & où par un Traité fait avec le Roi, il y avoit Garnison Françoise & Suedoise avec deux Gouverneurs, l'une d'une Nation & l'autre de l'autre. Les Espagnols firent de grandes plaintes de ce que le Roi avoit secouru Heidelberg au préjudice de la paix qui régnoit entre les deux Couronnes. L'Empereur forma de pareilles plaintes, & comme c'étoit un commencement 1635. de Guerre entre la Maison de France & celle d'Aûtriche, Galas, un des Généraux de l'Empereur, sçachant que le Rhin étoit glacé, se saisit, à la faveur des glaces, de Philisbourg, qui ne valoit pas grand chose en ce tems-là.

L'Archevêque de Tréves prévoyant que la Guerre alloit s'allumer sur le Rhin, fut sollicité de part & d'autre de prendre parti. Il inclina davantage du côté du Roi, avec qui il étoit en bonne intelligence de longue main, que du côté de la Maison d'Aûtriche, dont il ne croyoit pas avoir sujet de se louër. Il fit donc un Traité avec lui; mais il ne fut guéres sans s'en repentir, les Espagnols envoyerent des Troupes contre sa Capitale, où il se croyoit en sûreté, au moyen qu'il n'y avoit point encore de Guerre déclarée entre les deux Couronnes, & comme elle ne valoit rien, ils s'en rendirent maîtres, le prirent prisonnier, l'amenerent à Namur, delà à Luxembourg, & enfin dans le Château de Tréveures, où ils l'enfermerent. Le Roi envoya vers le Cardinal Infant pour le reclamer, soûtenant qu'il avoit été pris au préjudice de la bonne foi, qui ne permettoit pas de faire une pareille insulte à un Souverain. Le Cardinal Infant répondit que ce Prélat étoit de bonne prise, parce qu'il avoit embrassé le parti du Roi, qui avoit le premier rompu la Paix, en donnant du secours aux Suedois assiégez par les Imperiaux dans le Château d'Heidelberg; que si Sa Majesté soûtenoit que ce n'étoit pas rompre la Paix que de secourir ses

Alliez, il lui étoit permis de même de soûtenir que ce n'étoit pas l'enfraindre, que de s'être assûré de la personne d'un Prince, qui en qualité d'Electeur bien loin de pouvoir prendre le parti d'un ennemi de l'Empereur & de l'Empire, étoit obligé au contraire de soûtenir leurs interêts envers & contre tous.

Celui qui étoit allé de la part du Roi vers le Cardinal Infant, ne demeura pas court à cette réponse; il soûtint à ce Prince que ce qu'il alléguoit pour sa défense étoit un prétexte bien plûtôt qu'une raison; qu'en effet, il n'y a qu'à lire ce qui est porté par la Bulle d'or, selon laquelle l'Empire devoit être gouverné, pour sçavoir qu'il étoit permis à tous les Souverains qui en faisoient partie, même quand l'Empire étoit attaqué, de faire des ligues avec telles Puissances que bon leur sembloit : que la seule obligation où ils étoient en ce cas, étoit de lui fournir du secours pour leur cotte part ; que si cela étoit permis, quand même on en vouloit à l'Empire, quelle difference n'y avoit-il point, lors qu'il ne s'agissoit que des interêts de l'Empereur, qu'il n'y avoit que lui qui se pût dire interessé dans ce qui s'étoit passé à l'égard du Château d'Heidelberg ; que si l'Empire y prenoit part, ce devoit être plûtôt contre lui que pour lui, puisque le Palatinat ne lui apartenoit point par aucun droit ; mais aux enfans de Frideric qu'il en avoit dépoüillez, sous prétexte qu'il étoit entré dans des interêts contraires aux siens ?

Toutes ces raisons contre lesquelles il n'y avoit rien à alléguer, ne furent pas capables de porter le Cardinal Infant à relâcher son priſonnier ; ſi-bien que la Guerre s'étant déclarée non-ſeulement entre les deux Couronnes, mais encore entre le Roi & l'Empereur, l'on vit bien-tôt toutes les frontieres couvertes de gens de Guerre. Le Roi tâcha d'engager dans ſon parti le Roi d'Angleterre, lui remontrant qu'il y alloit de ſon honneur de remettre les enfans de Frideric dans les Etats de leur pere, eux qui étoient ſes neveux : mais comme ce Prince ne pouvoit entreprendre la Guerre avec ſuccez ſans le conſentement de ſon Parlement, parce que c'eſt lui qui permet à ſes Rois de lever des ſubſides, il s'en excuſa ſur ſon impuiſſance : il demeura ainſi ſpectateur de ce qui s'alloit paſſer dans ſon voiſinage (car c'étoit en Flandres principalement que s'alloient donner les plus grands coups.) Le Roi fit alors une alliance étroite avec les

Hollandois, qui étans de longue main de bonne intelligence avec la France, furent ravis que le Roi eut déclaré la Guerre aux Espagnols, leurs plus mortels ennemis. Ils convinrent avec lui de ce qu'ils auroient à faire chacun de leur côté, afin de faire diversion des forces ennemies qui avoient ainsi à combattre deux Puissances, qui n'étoient pas à mépriser. L'Empereur eut aussi en même tems deux ennemis en tête, savoir les François & les Suedois, dont le Roi prit soin de rétablir l'Armée, en fournissant de l'argent à la Reine de Suede, à qui sans ce secours il eut été impossible de continuër la Guerre.

Le Duc d'Orleans aprés s'être remis en grace auprés du Roi son frere, laissa couler quelque temps sans lui parler de l'esperance que Puilaurens lui avoit donnée, que Sa

Sa Majesté consentiroit à son Mariage. Puislaurens à qui le Duc en parloit tous les jours, le laissoit dire, parce qu'il avoit obtenu ce qui lui avoit été promis; il ne se mettoit guéres en peine que le Duc fut content, il lui suffisoit de l'être. Il avoit épousé Mademoiselle de Coaislin, & avoit eu un Brevet de Duc & Pair. Son Maître fatigué à la fin des remises qu'il lui donnoit quand il le pressoit de parler à Mr le Cardinal pour lui tenir la parole que Son Eminence lui avoit donnée, ce qui lui avoit dit lui-même, résolut d'en parler à Mr le Cardinal. Il le fit sans en rien dire à Puilaurens. Son Eminence fut fort étonnée de ce que Puilaurens avoit osé le faire parler au préjudice de la verité, & s'en étant mis en colere contre lui; le Duc pour sçavoir si c'étoit que Mr le Cardinal voulut le jouër en niant, comme il faisoit, qu'il eut jamais donné cette parole, ou ſi c'étoit Puilaurens qui lui avoit impoſé, l'envoya chercher à l'heure-même pour éclaircir la choſe devant Son Eminence. Puilaurens vint, & le Duc le voyant biaiſer & dire pour ſon excuſe qu'il lui avoit dit ſeulement que cette affaire ſe termineroit à ſon contentement, quand il ſeroit auprés du Roi ſon frere. Le Duc outré de ce qu'il oſoit ſe dédire de ce qu'il lui avoit dit en termes formels, le maltraita fort, & lui reprocha les bienfaits dont il l'avoit comblé. Son Eminence fut ravie de voir la colere où le Duc étoit contre lui, & comme il apprehendoit Puilaurens à cauſe qu'il avoit l'eſprit inquiet & remuant, il le fit arrêter ſous prétexte que ce qu'il avoit fait étoit capable de faire faire encore quelque nouvelle eſcapade au Duc. Il fut conduit à Vincennes, dont le Duc n'oſa ſe plaindre, soit qu'il fut obligé de le condamner lui-même aprés ce qu'il avoit fait, ou qu'il fut encore en colere contre lui. Cependant il ne demeura guéres en prison, il y mourut quelque tems aprés ; ce qui a fait dire à tous ceux qui ont parlé depuis de sa disgrace, qu'il avoit été empoisonné, comme si on ne pouvoit pas mourir en moins de tems encore qu'il ne fit, d'une mort naturelle. Mr le Cardinal prit soin quelque tems aprés de remarier sa veuve à un parti bien plus avantageux que celui qu'elle avoit trouvé en premieres nôces : il lui fit épouser Henri de Loraine Comte d'Harcour, Prince qui se rendit fameux bien tôt par ses grandes actions ; ensorte qu'il ne tardit guéres à être mis au rang des plus grands Capitaines.

Quand la colere du Duc d'Orleans contre ſon favori, fut paſſée, il en revint à ſa femme, pour laquelle il demanda permiſſion de la faire venir à la Cour. Il en parla à Mr le Cardinal avant que d'en parler au Roi, ſachant bien que s'il vouloit réüſſir c'étoit par-là qu'il devoit commencer. Son Eminence n'avoit garde d'y donner ſon conſentement, quand même la choſe n'auroit dépendu que d'Elle. Elle renvoya le Duc au Roi, qu'Elle avoit déja prévenu, & afin de lui ôter l'eſperance de pouvoir réüſſir dans la pourſuite de cette affaire, à laquelle Elle étoit entierement opoſée, par les raiſons que j'ai déduites tantôt, Elle fit enſorte envers le Clergé, qui s'étoit alors aſſemblé aux grands Auguſtins où il tenoit ſes ſéances, de lui faire donner un Decret conforme à celui qui avoit été fait en Sorbonne, touchant la validité des Mariages des Princes du Sang. Comme de l'humeur don étoit le Duc tout cela étoit plus que sufisant pour le cabrer, Mr le Cardinal qui avoit eu l'adresse de faire entrer chez lui, d'abord que Puilaurens avoit été arrêté, un Aumônier bien-fait de sa personne, & dont l'esprit adroit & insinuant lui faisoit esperer qu'il auroit bientôt place dans ses bonnes graces, maintenant qu'il y trouveroit assez de vuide pour s'y placer; Mr le Cardinal, dis-je, ayant usé de cette adresse, & ne s'étant pas trompé dans ses esperances, puisque cet Aumônier, dés les premiers jours qu'il fut entré chez le Duc, le prévint en sa faveur; Son Eminence se servit de lui pour adoucir l'esprit de son Maître qui étoit irrité du refus qui lui avoit été fait, & de ce qui s'étoit passé dans l'Assemblée du Clergé.

Mr le Cardinal qui dans tout ce

qu'il faisoit prévoyoit, par un esprit superieur que Dieu lui avoit donné, tout ce qui lui pouvoit nuire & tout ce qui lui pouvoit être utile, n'avoit eu garde, en jettant les yeux sur cet Aumônier pour le placer chez le Duc, de le choisir parmi la premiere Noblesse du Royaume: il ne vouloit pas que le Duc eut un favori qui se pût vanter d'une haute naissance, & qui dans l'occasion lui demanderoit des graces, tantôt pour l'un & tantôt pour l'autre de ses parens. Dans cette vûë il n'avoit pas voulu même le prendre parmi le Corps de la Noblesse, sçachant que quand un homme est Gentilhomme & qu'il a des parens qui le sont, il se croit en droit d'aspirer à tout, soit pour eux, soit pour lui; la faveur où il est lui tient lieu, à ce qu'il prétend, de ce qui manque à la grandeur de son extraction: car enfin il y a Gentilshommes & Gentilshommes, & que pour l'être ce n'est pas à dire pour cela qu'il soit de la Maison de Châtillon ou de celle de Montmorenci.

Son Eminence avoit un bel exemple de tout ceci, en la personne de Puilaurens, qui n'étant qu'un simple Gentilhomme, avoit mis à un si haut prix l'honneur qu'il avoit de posseder les bonnes graces de son maître, qu'il n'avoit voulu promettre son entremise auprés de lui, que moyennant un brevet de Duc & Pair, & un Mariage qui lui étoit tout-à-fait avantageux. Or Mr le Cardinal se croyoit à couvert de pareille chose avec celui qui avoit succedé à sa faveur auprés du Duc. Ce nouveau favori se faisoit apeller l'Abbé de la Riviere, nom qu'il tiroit d'une famille obscure, à qui il devoit la naissance, & non pas de la Maison de la Riviere, qui est une Maison de distinction parmi la Noblesse de Bourgogne. Cependant tout habile qu'étoit ce Ministre il se trompa dans ses vûës, cét Abbé n'eut pas moins d'ambition pour n'être pas né Gentilhomme, & si Son Eminence eut vécu assez longtems pour le voir dans la grande faveur où il vint bien-tôt auprés de son maître, Elle auroit reconnu que son ambition étoit encore au-dessus de celle qu'avoit jamais eu Puilaurens. En effet, aprés avoir obtenu comme lui la dignité de Duc & Pair, au moyen de l'Evêché de Langres qui lui fut donné, & où elle est attachée, il n'en fut pas encore content, il prétendit être Cardinal, & remua pour cela tant de ressorts, que l'Etat fut sur le point d'en être ébranlé.

Au reste, je ne parlerois pas ainsi de la naissance de cet ambitieux si cela étoit d'aucune conséquence pour personne; je ne prétends point écrire pour faire tort à qui que ce soit; & quoique je n'aye dit en cela que la verité, je me serois abstenu de la dire, si ce n'est que ce Prélat n'a laissé aucuns parens. Il n'avoït qu'une sœur, qui ne se ressentit jamais de sa fortune, & qui est morte sans enfans; même il ne la vouloit point voir, parce qu'il craignoit qu'elle ne lui reprochât son peu de naturel, sans parler de la bassesse de son extraction; car elle avoit un air bas, & qui sentoit tout-à-fait ce qu'elle étoit. Bien éloigné en cela de Sixte V. qui aiant été élevé à la Papauté, ne voulut pas reconnoître sa sœur, parce qu'elle avoit emprunté de beaux habits pour le venir trouver: *Qui êtes-vous, Madame?* lui dit-il d'abord qu'elle se presenta devant lui. *Quoi! Saint Pere*, lui répondit-elle, *me pouvez-vous méconnoître, moi qui suis vôtre sœur? Vous! ma sœur*, lui repliqua-t'il, *vous m'imposez ; il est vrai que j'ai une sœur, mais elle n'a jamais porté comme vous un état de Princesse ; ma sœur est une pauvre blanchisseuse, & je la reconnoîtrois bien si je la voyois.* Elle eut assez d'esprit pour comprendre aprés ce discours ce qu'elle devoit faire, si elle vouloit qu'il la reconnut, elle fut reprendre ses méchans habits ; & étant revenuë le trouver : *Ah! voilà ma sœur*, lui dit-il, d'abord qu'il la vid dans cet équipage, *je la reconnois pour t'elle maintenant, & même je ne la méconnoîtrai jamais, quand ce seroit devant tout le College des Cardinaux ; mais pour celle qui est venuë ici, il n'y a qu'un moment, c'est une fourbe qui prétendoit m'en faire acroire, & qui s'est bien trompée.*

La Guerre qui s'étoit allumée entre les deux Couronnes, causa bientôt de grands ravages sur toutes les frontieres de leur obéïssance, & même jusques chez leurs Alliez, ils se firent sentir en Flandres, en Allemagne, en Loraine, en Italie, & enfin par tout où les deux Couronnes trouvoient lieu de se nuire l'une à l'autre. Le Duc de Savoye embrassa nos interêts en Italie. Le Duc de Parme fit la même chose; au lieu que le Duc de Modêne se déclara contre nous. Le Prince Thomas de Savoye, oncle du Duc de ce nom, ressembla au Duc de Modêne, en portant les armes en faveur des Espagnols, qui lui donnerent le commandement d'une Armée avec laquelle il se promettoit d'entrer en France par la Champagne. Il se trouva bien éloigné de son compte, les Maréchaux de Châtillon & de Brezé, que le Roi avoit choisis pour s'oposer à ses desseins, l'ayant prévenu par leur diligence, ils entrerent eux-mêmes dans la

Province de Luxembourg, où ils le ſerrerent de ſi prés, que les deux Armées s'étant trouvées en preſence auprés d'Aucim, elles en vinrent aux mains l'une contre l'autre. La Bataille ſe donna le 20. de Mai, & le ſuccez en fut ſi favorable aux deux Maréchaux, qu'aprés avoir laiſſé quatre mille hommes des ennnemis ſur la place & en avoir fait plus de deux mille priſonniers, le Prince Thomas fut obligé de prendre la fuite. Il abandonna tout ſon canon & tous ſes bagages, non par une ruſe aſſez ordinaire à la Guerre, où l'on ſacrifie ſouvent une partie de ce que l'on a pour ſauver l'autre; mais parce qu'il étoit ſi preſſé, qu'il ſe tenoit encore trop heureux s'il pouvoit ſe ſauver lui-même.

La Champagne ſe trouvant délivrée par le ſuccez de cette Bataille de l'aprehension où elle étoit de la marche de l'Armée ennemie, celle de France qui avoit passé la Meuse pour aller chercher le Prince Thomas du côté de Luxembourg où il étoit, la repassa pour entrer en Flandres, où elle se joignit aux Hollandois qui l'attendoient auprés de Maestrëcht. Le Cardinal Infant tout fier de la victoire qu'il avoit remportée l'année précedente devant Nortlingen (ce qui lui avoit fait décerner une espece de triomphe par les Flamans lors qu'il étoit arrivé dans leurs Provinces) ayant apris que l'Armée Françoise, jointe à celle de Hollande, marchoient droit à eux à dessein de lui donner combat, ne jugea pas à propos de l'attendre; il se retira sous le canon de Bruxelles, aprés avoir fait couper les bleds depuis Tillemont jusqu'à cette Capitale du Brabant, il en fit emporter ce qu'il pût dans

Louvain, qu'il s'attendoit bien que les François & les Hollandois assiegeroient, & y ayant resserré pareillement la plus grande partie des grains qui étoient aux environs de toutes ces Villes, il se disposa à prendre les mesures qui lui conviendroient, quand les deux Armées ennemies se seroient renduës devant Louvain.

Devant que l'Armée Françoise & Hollandoise en prissent le chemin, elles firent beaucoup de ravages dans le païs de Liége par où elles passerent. Il avoit accepté la neutralité, de peur d'être pillé; mais comme il l'observoit si mal, qu'il favorisoit les Espagnols en toutes choses, on fut bien-aise de se venger de son infidélité. Tillemont qui est à dix lieuës de Liége, & une des Villes dépendantes de ce païs, dont Liége est la Capitale, n'étoit pas une Place assez forte pour résister à deux Armées jointes ensemble; elle fut obligée d'ouvrir ses portes, qu'il lui auroit été inutiles de tenir fermées, puisqu'on les lui auroit bien fait ouvrir. On y fit entrer quelques Regimens, dont une partie étoient François & l'autre Hollandois. Le reste de l'Armée campa auprés de la Ville, où elle entroit comme elle vouloit, & en sortoit de même. Tout y fut au pillage, dont il n'y avoit pas grand mal, parcequ'elle appartenoit aux Liegeois, dont on se vouloit venger par la raison que je viens de dire: mais ce qui s'y passa de mauvais, c'est que les Hollandois entrerent dans un Convent de Religieuses, où ils firent plusieurs excez qui auroient été encore plus loin, si un Colonel François, dont le Regiment étoit dans la Ville, ne s'y fut opposé. Les Hollandois lui dirent, lors qu'ils le virent ainsi les reprendre de ce qu'ils faisoient, qu'il n'en seroit pas avoüé de Mr. le Maréchal de Châtillon. Ils s'imaginoient, parcequ'il étoit Hérétique aussi-bien qu'eux, qu'il fermeroit les yeux à tout ce qu'il y avoit à blâmer dans leur conduite; leur esperance n'étoit fondée que là-dessus, c'est-à-dire, sur ce que le Maréchal étoit de même Religion qu'ils en étoient; car il décendoit de Gaspard de Coligni, Seigneur de Châtillon-Surloin Amiral de France, dont toutes nos Histoires feroient une mention honorable, si le zéle qu'il eut pour une fausse Religion qu'il avoit embrassée, ne l'eut porté par quantité d'actions contraires à son devoir, à en procurer l'avancement au préjudice de l'obéïssance qu'il devoit à son Roi: mais ils se trompoient fort dans l'opinion qu'ils avoient du Maréchal, bien

bien loin d'être tel qu'ils pensoient, c'étoit un homme juste, & comme il n'étoit pas capable d'approuver de telles actions, il eut de grosses paroles avec les Chefs des Hollandois qui traitoient de bagatelle tout ce que leurs gens avoient fait, parce que leurs excez ne regardoient que des Religieuses.

Quand nôtre Armée eut desolé Tillemont & tout le plat païs des environs, ensorte qu'il n'y avoit plus rien dont elle pût profiter, elle marcha contre Louvain, qui est sur le grand chemin de Tillemont à Bruxelles. C'est une Ville plus renommée par son Université que par ses remparts & par ses dehors: cependant comme le séjour que l'on avoit fait à Tillemont avoit donné le tems au Cardinal Infant de faire le dégât alentour, ce qu'il avoit déja commencé, même avant que nôtre Armée arrivât à Tillemont, nos Troupes ne furent pas plûtôt devant cette Ville, qu'elles commencerent à se ressentir de la misere, qui est inévitable à ceux qui font quelque séjour dans un pays ruïné. Le traitement que l'on avoit fait à Tillemont, & par tout le païs de Liége où l'on avoit passé, empêcha les Liegeois d'aporter des vivres au camp; ce qu'ils n'auroient pas manqué de faire, si l'on eût été plus humain en leur endroit. Pas un ne se mit en devoir d'y aporter un morceau de pain; les Brabançons en firent de même: tellement que l'Armée se trouvant bien-tôt en grande necessité, on n'y trouva point d'autre remede que de lever le siége.

Ce mauvais succez obscurcit un peu la gloire que l'on avoit remportée à la Bataille d'Aucin, les

François en accuserent les Hollandois qui auroient pû leur envoyer des vivres par Maestrëcht, & même en faire débarquer par mer. Ils n'avoient pas grand tort de s'en prendre à eux, ils n'avoient pas trouvé bon qu'on eut arrêté leurs excez à Tillemont, & c'étoit en haine de ce qu'on s'y étoit opposé qu'ils n'avoient fait venir des vivres que pour eux. Quoi-qu'il en soit, les Espagnols aprés s'être emparez des passages par où l'Armée de France se pouvoit retirer en son païs, elle se trouva si embarassée, que quoi-qu'elle fut ainsi mécontente des Hollandois, elle ne laissa pas d'avoir recours à eux pour la tirer de péril. Ce ne fut pas en les priant de leur aider à forcer ces passages, ç'eut été une priere incivile, parce qu'aprés cela les Hollandois auroient été dans la même peine où nous étions, ils n'auroient sçû par où se retirer dans leur pays. Ce qu'on leur demanda fut donc de fournir des vaisseaux avec lesquels l'Armée pût se retirer en France. Ils ne pouvoient pas le refuser, à moins que de faire voir qu'ils vouloient achever de ruïner une Armée, dont ils avoient ébauché la perte. Elle prit donc avec eux le chemin de la Hollande, où s'étant embarquée, elle vint débarquer dans nos ports, où elle arriva si foible, que quand elle auroit perdu la Bataille d'Aucim, au lieu qu'elle l'avoit gagnée, elle ne l'auroit pas été davantage.

Le Cardinal de la Valette, qui étoit à la tête de l'Armée d'Allemagne, eut en ce païs là la même fortune, ou à peu prés, que l'Armée de Flandres avoit eûë devant Louvain, s'étant mis en campagne de bonne heure pour empêcher que les Imperiaux ne repriſſent Mayence, qui leur avoit été enlevée dés le vivant du grand Guſtave, il ſe mit à aſſiéger Binghem, qui eſt en deçà du Rhin. Il ne pouvoit douter que les ennemis n'euſſent deſſein ſur Mayence, à cauſe qu'elle leur ôtoit la communication de Philiſbourg, dont ils s'étoient emparez pendant l'hyver. En effet, aprés qu'il ſe fut rendu maître de Binghem, aprenant que le Comte Guillaume de Mansfeld étoit devant Mayence avec une Armée, pendant que Galas étoit ſur les aîles pour prendre garde à ce que feroit le Duc de Weimart qui avoit deſſein de ſe joindre à lui, afin de de marcher conjointement au ſecours de cette Place, il ne differa ſa marche que juſqu'à ce qu'il ſçût où il pouvoit joindre le Duc de Weimart. Le Duc lui donna de ſes nouvelles, & Galas n'ayant pû empêcher leur jonction, ils marchoient tous deux Enseignes déploïées droit à Mansfeld, quand Galas, à qui Mansfeld obéïssoit, lui ordonna de se retirer. La Valette auroit bien fait de s'en tenir-là, sur tout sçachant que le Duc de Weimart avoit des affaires ailleurs & qu'il ne pouroit pas demeurer long-tems avec lui; mais s'étant arrêté à la vûë de Mayence plus long-tems qu'il ne faloit pour la ravitailler, Galas ne sçût pas plûtôt que le Duc de Weimart l'avoit quitté, qu'il s'empara des passages pour l'empêcher de gagner le païs Meissein où il avoit dessein de faire retraite. Galas prit alors Sarbrik, qui ôta à la Valette la communication de Mets, d'où il lui étoit venu des vivres devant que Galas se mit ainsi entre-deux. Quand Sarbrik fut prise, la Valette se trouva bien embarassé, pour remedier à la faute qu'il avoit faite de ne s'être pas retiré plûtôt, il décampa à la sourdine, & ayant fait faire des ponts sur la Loutre avec une diligence extraordinaire & sans que les ennemis se fussent aperçûs qu'il étoit décampé, il fit rompre ces ponts d'abord qu'il y eut fait passer son Armée. Galas s'étant aperçû à la fin de sa retraite, le poursuivit si vivement, que quoi-qu'il eut six heures devant lui, il ne laissa pas de l'atteindre le lendemain, sur la fin de la journée. Les deux Armées tomboient toutes deux sur les dents de fatigue, l'une de la diligence qu'elle faisoit, pour n'être pas obligée de combattre; l'autre, pour l'y contraindre malgré elle: cependant il y en avoit une qui étoit encore plus à plaindre que l'autre, parce qu'il y avoit deux jours qu'elle n'avoit mangé: C'étoit celle de la Valette, qui avoit deux ennemis à combattre à la fois, savoir Galas & la faim.

Aprés que l'avant-garde de l'Armée ennemie eut obligé l'arieregarde de l'Armée de la Valette de tourner tête pour ne se pas laisser enfoncer, l'avant-garde de l'Armée Françoise gagna avec beaucoup de peine Waudrevanges, où elle attendit son arriere-garde, qui n'avoit pas été si mal avisée que de combattre toute entiere (ce qui auroit causé sa défaite) elle avoit pris le parti de ne le faire que par pelotons, la situation des lieux par où elle passoit lui avoit été avantageuse. La Valette fit merveilles de sa personne en trois ou quatre endroits, où il fut obligé de combattre lui-même pour rassurer ses gens qu'il voyoit en desordre, par la crainte qu'ils avoient de Galas. La plûpart des Officiers Généraux, à l'exemple de leur Général, s'exposerent extraordinairement pour favoriser la retrai-

retraite. On en vint à bout à la fin, mais non pas sans péril & sans qu'il y demeurât plus de quatre mille hommes sur la place. Les ennemis ayant eu cet avantage, remirent le siége devant Mayence, quoi-qu'on fut déja sur l'arriere-saison.

J'étois dans le cabinet de Son Eminence lors qu'un Courier dépêché par le Cardinal de la Valette, lui aporta ces méchantes nouvelles. J'admirai son courage à soûtenir tant d'assauts, car il n'y avoit que quelques jours qu'il avoit apris ce qui s'étoit passé en Flandres, sans compter encore ce qui étoit arrivé en Provence & en Italie, où la fortune ne nous avoit pas été plus favorable que dans les Païs-Bas. En Italie nous avions été obligez, aprés avoir entrepris le siége de Valence, de le lever; & en Provence, nous avions perdu les Isles de Sainte Marguerite & de Saint Honorat ; ce qui mettoit les Espagnols, qui nous les avoient enlevées, en état d'y moüiller dorénavant & d'y préparer des forces pour entrer dans cette Province. Nous n'avions pas encore été exemts de perdre des Places en Lorraine, les ennemis nous y en avoient enlevé quelques-unes, peu considerables à la verité ; mais dont la perte ne laissoit pas d'être mise en ligne de compte, à cause de tout ce qui se passoit ailleurs. Cependant comme si ce ne nous eut pas été assez d'essuyer tant de malheurs à la fois, nous en fûmes encore surchargez, par ce qui arriva aux Hollandois, aux peines desquels, quelque sujet que nous eussions de nous plaindre d'eux, nous ne pûmes nous empêcher d'y être sensibles, & nous y étions bien obligez, puisque nous aprehendions d'en ressentir le contre-coup. Un

Gentilhomme de Gueldres, affectionné aux Espagnols, ayant apris que le Prince d'Orange avoit tiré du Fort de Schenk; qui est situé où la Meuse se jette dans le Rhin, la plus grande partie de la Garnison dont ce Prince avoit affaire ailleurs, il marcha toute la nuit avec cinq cens hommes & surprit ce Fort, qui est la clef de la Hollande. Cela obligea le Prince d'Orange de suspendre tous ses desseins pour acourir de ce côté-là; mais quelque diligence qu'il pût faire, il ne fit que perdre ses peines; Adolphe-Enholt, c'est-là le nom de celui qui s'étoit rendu maître de ce Fort, sçût le conserver contre lui; desorte qu'il falut que le Prince d'Orange attendit un tems plus favorable pour le reprendre.

Tant de disgraces arrivées en un même tems de tous côtez, morti- 1636 fiérent extrémement Mr le Cardinal, & comme il ne faut qu'être heureux pour se voir bien-tôt dans une grande réputation, & qu'il sufit de même d'être malheureux pour se voir bien-tôt méprisé de chacun; l'on vit en moins de rien que de ce comble de gloire où Son Eminence étoit montée par sa grande application au service du Roi & au bien de l'Etat, il tomba si bas par ce seul revers de fortune, que ceux qui auparavant étoient dans une continuelle admiration de tout ce qu'il avoit fait de grand depuis qu'il étoit premier Ministre, commencerent à le regarder comme un homme fort commun, & qui étoit plus digne de mépris que de loüange. On ne se souvint plus du tout de ce siége fameux de la Rochelle, où aprés avoir donné des fers à la mer, non de la maniere que fit autrefois un certain Prince, qui aprés l'avoir couverte d'un nombre infini de vaiſſeaux, y fit jetter des mainottes, pour lui aprendre, à ce qu'il diſoit, qu'elle étoit obligée de lui obéir : mais d'une maniere plus naturelle & moins remplie de vanité & de préſomption, c'eſt-à-dire, en faiſant dreſſer cette Eſtacade admirable, qui tant que le monde ſera monde, ne mourra jamais dans la memoire des hommes; l'on ne ſe ſouvint plus, dis-je, qu'aprés avoir, par un prodige ſi nouveau, enchaîné la mer & l'avoir contrainte de ne ſe pas opoſer à ſes deſſeins, il avoit de la même main, qu'il avoit operé une choſe ſi étonnante & ſi extraordinaire, terraſſé l'Héréſie, & étonné tellement les mécontens, que pas un n'oſoit plus lever la tête. Son Eminence ne pouvoit envisager un ſi grand changement ſans en être touchée au dernier point; Elle faiſoit cependant tout ce qu'Elle pouvoit pour se contraindre, afin de ne pas faire paroître sur son visage ce qui se passoit au-dedans de lui, Elle vouloit s'ôter le chagrin de voir triompher ses ennemis, non qu'ils se fussent attiré ce triomphe par leur merite ou par leur adresse, mais parce que la fortune s'étoit déclarée contre lui.

Cependant si dés la fin de la campagne de 1635. ce Ministre s'étoit déja aperçû que l'estime que tous les peuples avoient pour lui, étoit diminuée considerablement ; ce qui le chagrinoit à un point, que quoiqu'il étudiât sa contenance, il n'en étoit pas reconnoissable. Ce fut encore toute autre chose au commencement de la campagne de 1636. que les Espagnols, pour profiter de leur bonne fortune, mirent cinq Armées sur pied pour attaquer la France de tous côtez. Celle qui y entra par la Picardie y fit de plus grands progrez que les autres ; elle perça jusqu'à Corbie, d'où répandant la terreur jusques dans Paris, Son Eminence se trouva bien embarassée comment remedier à tant de maux à la fois, particulierement à ce qui se passoit de ce côté-là, qui lui paroissoit de bien plus grande conséquence que tout le reste. Le seul remede qu'il y trouva, fut de lever promptement des Troupes avec lesquelles on pût repousser les ennemis & les obliger de repasser la Somme, qu'il leur avoit falu traverser pour entrer en Picardie; mais il n'y avoit point d'argent dans les coffres de Sa Majesté, les fonds ordinaires étoient épuisez, & sans argent il ne faloit point parler de faire de nouvelles levées.

Dans cette extrémité on fut obligé d'avoir recours aux moyens extraordinaires. Mr le Cardinal proposa d'obliger toutes les portes-cocheres de Paris de fournir chacune un cavalier à leurs dépens. Un Secretaire d'Etat qui n'auroit pas osé souffler dans un autre tems, se mit alors à railler sur l'avis que proposoit Mr le Cardinal, comme s'il n'eut sçû ce qu'il disoit. Son avis fut pourtant suivi à la pluralité des voix, & les ennemis ayant été chassez de France, Son Eminence se souvint en tems & lieu du manque de respect que ce Secretaire d'Etat avoit eu pour lui. Il prit son tems pour faire connoître au Roi qu'il exerçoit une Charge dont il n'étoit pas digne. Comme on étoit au Conseil, où l'on avoit lû des lettres de l'Ambassadeur de France en Suede, ausquelles il falloit faire réponse, Son Eminence dit à ce Secretaire d'Etat, en presence de Sa Majesté, de mettre la main à la plume

& de faire voir au Roi ce qu'il auroit fait. Il n'en pût jamais venir à bout, quoi-qu'il y remit la main par deux fois, dont le Roi étant tout étonné, Mr le Cardinal lui fit entendre qu'il ne seroit jamais bien servi tant qu'il se reposeroit sur lui de ses affaires. Le Roi le crût, & lui ayant ôté sa Charge, il la donna à Mr de C..... de qui bien loin de pouvoir dire la même chose que le Cardinal disoit de l'autre, on pouvoit dire au contraire qu'il n'y avoit point de plus habile homme dans le Conseil.

Quoique Mr le Cardinal eut eu bien du chagrin de ce que ce Secretaire d'Etat s'étoit ainsi soûlevé contre lui, ce ne fut rien neanmoins en comparaison de celui que lui donna un Archevêque, qu'il n'est pas necessaire de nommer. Son Eminence lui ayant écrit au sujet de certaines affaires, soit que cet Archevêque ne goûta pas ce qu'il lui mandoit, ou qu'il eût l'esprit prévenu lorsqu'il prit une plume & de l'ancre pour lui faire réponse, il lui envoya une lettre que Mr le Cardinal trouva tout de travers. Son Eminence sans se donner la peine d'examiner si ce qu'il en avoit fait étoit à dessein de le chagriner, ou si ce n'étoit que par mégarde, remit la main à la plume pour faire réponse à sa lettre; mais si dans celle de l'Archevêque il y avoit quelque obscurité, celle de Son Eminence étoit pleine de galimatias: ce qu'Elle avoit fait de dessein prémédité pour lui apprendre une autrefois quand il auroit à lui écrire qu'il devoit prendre garde à ce qu'il feroit. Comme cela arriva justement dans le tems que le Secretaire d'Etat avoit fait ce que je viens de dire, l'Archevêque qui s'imaginoit aussi-bien que lui que Son Eminence étoit perduë, parce que dans le fonds Sa Majesté l'estimoit plus qu'il ne l'aimoit; ce qu'Elle ne pouvoit s'empêcher de fois à autre de témoigner à quelques Courtisans qu'Elle connoissoit pour n'être pas trop attachez à ce Ministre. Comme, dis-je, l'Archevêque croyoit Mr le Cardinal perdu, dés le lendemain qu'il eut reçû sa Lettre, il la fit mettre sous la presse, & en ayant envoyé plusieurs exemplaires à Paris, on n'entendit plus par toutes les ruës que des colporteurs qui crioient : *Lettre de Monseigneur le Cardinal de Richelieu à Monseigneur l'Archevêque de R....* Chacun fut curieux de voir ce que c'étoit, & fut étonné de ne trouver qu'un pur galimatias dans cette Lettre. Comme on raportoit à Son Eminence tout ce qui se faisoit à Paris, il oüit bien-tôt parler de la Lettre qui couroit ſous ſon nom, & qu'on ne pouvoit croire de lui à cauſe de ce qu'elle contenoit. Il vit bien que c'étoit une piece que lui faiſoit l'Archevêque, dont il lui ſçût mauvais gré. Cependant il n'uſa point d'autre vengeance envers lui, que de faire imprimer celle que cét Archevêque lui avoit écrite, afin de faire voir que s'il y avoit fait une réponſe qui paroiſſoit ridicule, c'étoit lui qui ſe l'étoit attirée. Les colporteurs furent ravis de ce different, ils vendirent de ces Lettres par milliers, les honnetes gens, comme les autres, en voulant avoir, quoi-qu'elles ne fuſſent bonnes l'une & l'autre qu'à enveloper du beurre.

Les eſprits étant ſi mal diſpoſez en faveur de Mr le Cardinal, c'étoit un coup de partie pour lui que de chaſſer les ennemis de Corbie.

d'où ils faisoient des courses jusqu'aux portes de Paris. Il eut l'adresse d'engager les Princes du Sang dans ses interêts, en leur procurant le commandement des Armées qu'on ne leur avoit pas voulu donner la campagne précedente, de peur qu'ils ne s'en servissent pour augmenter leur autorité, qui étoit suspecte principalement à l'égard de quelques-uns qui avoient déja excité des troubles dans l'Etat. Le Duc d'Orleans fut mis à la tête de l'Armée qui devoit agir en Picardie ; le Prince de Condé commanda celle qui devoit deffendre la Bourgogne; mais le Comte de Soissons, à qui l'on vouloit donner le commandement d'une autre Armée qu'on envoyoit du côté de Bayonne, sur laquelle les Espagnols faisoient paroître quelque dessein, le refusa. Il aima mieux commander la Noblesse, qui étoit extrémement puiſſante en ce tems-là. Il s'étoit broüillé avec elle pour des coups de bâton qu'il avoit fait donner au Baron du Coupet, dont il prétendoit avoir ſujet de ſe plaindre. Cette affaire avoit fait grand bruit dans ſon tems; toute la Nobleſſe qui s'intereſſoit dans l'afront qui étoit arrivé à un de ſes Membres, étoit montée à cheval, ſans ſavoir pourtant ce qu'elle devoit faire, car il n'y avoit point d'aparence qu'elle fut aſſez folle pour oſer faire inſulte à un Prince du Sang. Cependant comme on ne s'y aſſûroit pas trop, parce que lorſque cela étoit arrivé la Nobleſſe s'en faiſoit beaucoup accoire, l'on fut obligé de fermer les portes de Soiſſons, en attendant que le Roi, par ſon autorité, l'obligeât de ſe retirer. Quelques grands Seigneurs pour qui la Nobleſſe avoit de la conſideration, s'en mêlerent, & en étant venus à bout, le Comte de Soissons, qui étoit un Prince fier, fut assez politique pour se radoucir à l'égard de tout ce qu'il y avoit de Gentilshommes ou voisins de ses terres, où sur lesquels il avoit quelque autorité eu qualité de Grand-Maître de la Maison du Roi. Quand il en trouvoit quelqu'un au Louvre, il avoit soin de le convier à dîner ou à souper, à la table du Grand-Maître, & il s'assujettissoit lui-même, contre son ordinaire, à y aller manger, afin d'avoir occasion de leur faire honnêteté. Cela fit revenir la Noblesse peu à peu; mais ce qui lui fit oublier entierement ce qui s'étoit passé en la personne du Baron du Coupet, fut la maniere dont il en usa avec elle, quand il en eut obtenu le commandement. Il la convioit tous les jours à dîner & à souper, & quand quelqu'un n'y alloit pas, il lui demandoit quel ſujet il avoit donc de ſe plaindre de lui, pour le venir voir auſſi rarement qu'il faiſoit ? Il tenoit pluſieurs tables où l'on faiſoit toute auſſi bonne chere à l'une qu'à l'autre, & où tout ce qu'il y avoit de plus excellent vin n'étoit pas épargné : il ouvrit même ſa bourſe pendant la campagne à tous ceux qu'il aprenoit manquer d'argent ; tellement qu'il y dépenſa plus de deux cens mille écus.

A quelque tems delà, c'eſt-à-dire, lors que la France ſe vit délivrée des ennemis qui la menaçoient de tant de côtez ; ce que venoit de faire le Comte de Soiſſons pour regagner la Nobleſſe, ne fût pas capable de faire impreſſion ſur l'eſprit d'un grand Seigneur, qui ſe croyoit apparemment encore plus grand que ce Prince, quoiqu'il y eut bien à dire ; mais il faloit bien qu'il qu'il le crut, puisqu'au lieu de prendre exemple sur lui, il prit une conduite qui y étoit toute oposée. Il avoit pour voisin d'une de ses terres le Baron de C..... (car en ce tems-là il y avoit plus de Barons que de Marquis & de Comtes, & ce n'est que par un abus qui demanderoit peut-être qu'on y donnât ordre, que l'on voit aujourd'hui tant de gens, qui se donnent la liberté de prendre des qualitez qui ne leur sont pas dûës : si l'on recherche bien les faux nobles, pourquoi ne pourroit-on pas aussi rechercher les faux Comtes & les faux Marquis ?) Quoi-qu'il en soit, le Baron de C...... se trouvant gêné par le voisinage de ce grand Seigneur, qui sous ombre qu'il avoit des parens en grand crédit, faisoit le petit Roi sur ses terres & aux environs, il pria Mr de Bullion, qui étoit de ses parens, de lui donner une lettre de recommandation pour lui. Mr de Bullion ne trouva pas ſa priere incivile, parce qu'elle ne tendoit qu'à une choſe, qui ne faiſoit point de tort à ce grand Seigneur. Il y avoit dans le voiſinage du Baron une terre qui apartenoit à des Moines ; il demandoit à y pouvoir chaſſer (demande qu'il n'étoit pas même obligé de faire à ce grand Seigneur, puiſque cette terre ne lui apartenoit pas, & même qu'elle ne relevoit pas de lui.) Mr de Bullion lui ayant donc accordé la Lettre qu'il lui demandoit, il ne l'eût pas plûtôt, qu'il la fut porter lui-même au grand Seigneur ; mais ſavez-vous la réponſe qu'il lui fit? *Mr le Baron*, lui dit-il, *comme parent de Mr de Bullion, que j'eſtime & que j'honore, je vous déclare que vous pouvez venir tuër mes perdrix juſqu'au coin de mon feu ; mais ſi vous êtes ſi hardi comme Baron de ..... de por-*

ter un fusil au-delà des limites de vôtre terre, je vous annonce que je vous ferai donner tant de coups de bâton, que vous n'aurez pas envie d'y revenir une autre fois.

Ces menaces faites à un Gentilhomme de condition, étoient pour avoir de grandes suites dans le même moment, si ce n'est que ce grand Seigneur étoit trop bien accompagné pour permettre au Baron d'en prendre vengeance. Il n'osa pas même dire un seul mot, parce que ce grand Seigneur étoit violent & qu'il craignoit que ceux qui étoient autour de lui, ne l'assassinassent. Il sortit de chez lui mortifié à un point qui ne sauroit s'imaginer. Il fut de ce pas trouver ceux de ses voisins qu'il croyoit de ses amis pour les prier de lui aider à prendre vengeance des menaces qui venoient de lui être faites. Pas un ne lui voulut rien promettre tant ils aprehendoient le crédit de ce grand Seigneur. Le Baron leur reprocha leur foiblesse & le peu d'amitié qu'ils avoient pour lui, & aprés leur avoir dit que le Baron du Coupet avoit bien trouvé des amis contre un Prince du Sang, & que lui il n'en trouvoit point contre un homme qui étoit beaucoup au-dessous de ce Prince. Comme il vit qu'ils ne s'en animoient pas davantage, & que tous les reproches qu'il leur pouroit faire ne lui serviroient de rien, il prit la poste pour aller porter ses plaintes au Roi de ce qui lui étoit arrivé.

Devant que de se presenter devant Sa Majesté, il crût qu'il devoit aller trouver Mr de Bullion pour l'interesser dans sa querelle. Comme c'étoit la Lettre qu'il lui avoit donnée qui lui avoit attiré le compliment dont il se trouvoit si mal régalé, il se flâtoit que d'abord qu'il lui en feroit le recit, il prendroit feu ni plus ni moins que fait de la poudre à canon, à laquelle on fait toucher une méche bien allumée; mais il connoissoit mal les gens de la Cour qui ont des mesures à garder avec les Puissances. Ce n'est pas que Mr de Bullion ne fut comme un bon parent sensible à l'affront qu'il avoit reçû; mais au lieu de prendre feu comme il croyoit, il se contenta de lui dire qu'il choisiroit son tems pour en parler à Mr le Cardinal. Le Baron n'entendit pas plûtôt une réponse si froide, qu'il crût avoir lieu de s'en formaliser; ainsi reprenant la parole: *Puisque vous prenez*, lui dit-il, *mes affaires si peu à cœur, il faut donc que j'en parle au Roi, juste comme il est, lui à qui l'on donne le nom de* JUSTE, *Titre le plus beau que l'on puisse donner à un Roi, il ne manquera pas de me rendre justice. Vous en ferez ce qu'il vous plaira*, lui répondit Mr de Bullion, *mais si vous le faites, vous verrez qu'au lieu de vous trouver soulagé par-là, vous ne ferez encore que vous en deshonorer davantage. Pourquoi donc*, lui repartit le Baron, qui étoit vif, *est-ce que le Roi prendra, aussi-bien que vous, le parti de mon ennemi?* Mr de Bullion, avec une sagesse dont peu de gens à sa place eussent été capables, aprés l'injustice que le Baron lui faisoit de l'accuser si mal à propos, lui répondit que Roi ni lui n'étoient pas capables de faire ce qu'il disoit; mais que comme pour obtenir la réparation qu'il prétendoit, il faloit prouver auparavant comment il étoit en droit de la demander, il s'ensuivroit que faute de pouvoir fournir des témoins contre le grand

Seigneur à qui il avoit affaire, il seroit renvoyé absous de l'accusation qu'il auroit formée contre lui, & lui peut-être mis en prison comme un faux accusateur.

Le Baron aprés avoit fait refléxion à ce que Mr de Bullion lui disoit, & reconnu qu'il avoit raison, fut obligé de lui demander pardon de son emportement. Il le rejetta sur ce qu'aprés l'affront qu'il avoit reçû, il étoit bien difficile à un homme de conserver son bon sens. Il pleuroit, il gémissoit, en pensant à ce qui lui étoit arrivé; & Mr de Bullion ayant pitié de son état, & craignant qu'il ne le portât à faire quelque coup de desespoir, comme il arrive souvent à ceux qui aprés avoir reçû un tel afront sont capables de tout faire, principalement quand ils voyent qu'ils ne s'en sauroient venger par les voyes ordinaires;

Mr de Bullion, dis-je, craignant qu'il ne fit quelque coup de sa tête, pour lui remettre l'esprit, lui promit tout de nouveau de parler à Mr le Cardinal du sujet qu'il avoit de se plaindre du grand Seigneur dont il venoit de lui parler.

Il prit son tems de le faire comme il lui avoit dit d'abord. Mr le Cardinal lui ayant parlé de la grande dépense que le Comte de Soissons avoit faite pour se raccommoder avec la Noblesse : *J'ai un de mes parens*, lui répondit Mr de Bullion, *qui a reçû ces jours-ci un pareil affront, ou à peu prés, que celui qu'avoit reçû le Baron du Coupet ; cependant quoiqu'il soit d'aussi bonne Maison que lui, on n'a pas vû monter à cheval un seul Gentilhomme pour prendre son parti. Il vaudroit peut-être mieux pourtant que cela fut arrivé, & que quelqu'un lui eut tendu*

les

ses bras que d'avoir trouvé tout le monde insensible à son malheur. Ce que je dis-là à Vôtre Eminence, continua-t'il, *n'empêche pas neanmoins que je ne condamne, comme je le dois, jusqu'aux moindres assemblées qui sont toûjours séditieuses & dignes de punition, quand elles se font sans l'ordre du Souverain; mais ce qui me fait parler de la sorte, c'est que j'apprehende quelque coup de desespoir de la part de mon parent, dont je serois peut-être moins fâché pour l'amour de lui que pour l'amour de la personne dont il prétend avoir été offensé.*

C'étoit en dire assez à Mr le Cardinal pour exciter en lui une forte curiosité de savoir comment les choses s'étoient passées, & de qui Mr. de Bullion vouloit parler. Mr de Bullion, bien loin de faire difficulté de lui aprendre ce qu'il en sçavoit, fut ravi au contraire de lui décharger son cœur. Il lui conta tout d'un bout jusqu'à l'autre, & Mr le Cardinal ayant commandé à Mr de Bullion de lui amener son parent, il eut la bonté de le consoler dans son malheur. Il lui dit que quelque puissance qu'il eut dans le Royaume, il n'étoit pas en son pouvoir d'empêcher qu'il n'eut été insulté; que Dieu même qui étoit tout-puissant, ne pouvoit faire en sorte que ce qui étoit arrivé ne le fût; que tout ce que Dieu pouvoit faire en cette occasion, étoit d'en ôter le souvenir; qu'il voudroit bien pour l'amour de lui avoir la même puissance, afin que lui ni personne ne se ressouvint jamais de l'afront qui lui avoit été fait; que ce défaut, il lui en feroit avoir la satisfaction, & que comme la personne à qui il avoit affaire n'étoit pas presentement à la Cour, il lui alloit écrire, afin qu'il eut à s'y rendre incessamment.

J'eus ordre effective dés le même jour de lui mander de venir; mais comme ce grand Seigneur avoit apris que le Baron avoit pris la poste pour s'en venir à Paris, & qu'il se doutoit bien que c'étoit pour l'amour de lui que Mr le Cardinal le mandoit, il écrivit à Son Eminence qu'il la prioit de l'excuser, s'il ne se rendoit pas à ses ordres; qu'une fiévre qu'il avoit depuis deux jours en étoit cause, & qu'aussi-tôt qu'il en seroit délivré, il viendroit recevoir l'honneur de ses commandemens. Mr le Cardinal ne fut pas si crédule que de prendre ses excuses en payement; il se douta aussi-tôt que la maladie sur laquelle il rejettoit son défaut d'obéïssance, étoit une maladie dont il n'avoit été attaqué qu'à la reception de ſa lettre : En un mot, voyant bien que tout ce qu'il lui mandoit n'étoit qu'un prétexte pour ne pas venir à la Cour, il me commanda de l'aller trouver. Avant que de partir il m'inſtruiſit dequoi il s'agiſſoit. Je pris la poſte, & étant arrivé en un jour & demi chez ce grand Seigneur : *Qu'y a-t'il de nouveau ?* me dit-il en me voyant, *& depuis quand le Baron de C.... a-t'il le crédit de faire marcher un Courier, quand il s'agit de ſes intérêts ? Ce n'eſt pas, Monſeigneur*, lui répondis-je, pour adoucir ſon eſprit que je voyois ſur le point de s'irriter, *pour l'amour du Baron de C... que je viens ici ; mais parce que Son Eminence prévoit que l'affaire qu'il a eûë avec vous peut avoir de grandes ſuites, ſi elle n'eſt aſſoupie promptement. Et quelles ſuites ?* me repartit-il en criant, *aprehende-t'il qu'il arrive la même choſe que ce qui arriva au Com-*

te de Soissons, pour les coups de bâton qu'il fit donner au Baron du Coupet; la Noblesse ne se soûlevera pas contre moi, si cela avoit à se faire, on l'auroit déja vûë monter à cheval? C'est pourquoi vous pourez dire à Mr le Cardinal, quand vous serez de retour auprés de lui, qu'il n'a pas tenu à celui qui est cause de la peine que vous avez prise de venir ici, que l'on ne m'ait fait la même chose qu'à Mr le Comte; mais pas un Gentilhomme de ces quartiers-ci n'a voulu monter à cheval pour l'amour de lui, quoiqu'il ait été les en prier jusques chez eux: or il n'en fut pas de même du tems de l'affaire du Baron du Coupet, toute la Noblesse se mit en campagne sans qu'il eut besoin d'en faire un seul pas. Et c'est pour cela même, Monseigneur, l'interrompis je, *que Son Eminence se croit obligée de terminer incessamment le différent que vous avez eu avec le parent de*

Mr de Bullion, Elle a peur que Mr le Comte de Soissons ne se formalise de ce que la Noblesse ne se soûléve pas contre vous, & qu'elle s'est soûlevée contre lui; Son Eminence a peur que cela ne retombe sur Elle, à cause que chacun sçait que vous avez sa protection: il ne faut rien dans ce temps-ci pour porter les mal-intentionnez à lui manquer de respect; vous sçavez vous-même comment un Secretaire d'Etat a osé l'insulter en plein Conseil, que seroit-ce donc si un Prince du Sang se servoit du prétexte que je viens de dire pour se déclarer son ennemi? J'avois besoin de cette raison pour porter ce grand Seigneur à se conformer à la volonté de Mr le Cardinal. Il me dit qu'il se rendroit incessamment à la Cour, puisque Son Eminence le souhaitoit. Il me commanda cependant de m'en retourner pour annoncer cette nouvelle à Son Eminence, ne pouvant s'empêcher de me dire en partant qu'il n'avoit pas grande obligation à Mr de Bullion d'avoir pris le parti de son parent contre lui ; car il étoit persuadé que sans lui Mr le Cardinal ne l'obligeroit pas de se rendre à la Cour contre son gré. Je fis ce que je pûs pour lui faire perdre cette pensée ; & comme j'étois bien-aise d'obliger Mr de Bullion, je l'avertis de ce qui se passoit ; afin qu'il prit ses mesures là-dessus.

Ce grand Seigneur n'arriva à la Cour que huit jours aprés moi, & Mr le Cardinal l'ayant un peu grondé de ce qu'il avoit fait si peu de diligence, il s'excusa sur ce que des chevaux qu'il avoit envoyez en relais étoient devenus boiteux. Mr le Cardinal lui répondit, qu'il voyoit bien qu'il rendoit malades ; quand il vouloit, les chevaux aussi-bien que les hommes ; mais que par bonheur pour les uns & pour les autres, c'est qu'il avoit aussi la vertu de les guérir quand bon lui sembloit. Il ne repliqua pas un seul mot à ces reproches ; & ceux qui connoissoient ce grand Seigneur pour le plus emporté de tous les hommes, avec toutes les personnes à qui il avoit affaire, ne pûrent assez s'étonner comment avec Mr le Cardinal il étoit doux comme un agneau. Aprés que Son Eminence lui eut fait ces reproches, Elle le reprit des paroles outrageantes qu'il avoit dites au Baron de .... & ayant envoyé chercher le Baron, Elle obligea le grand Seigneur de lui en demander excuse : Elle se servit de ce mot plûtôt que de celui de pardon, à cause de la difference des personnes. Ce fut une mortification épouventable pour lui, de l'humeur dont il étoit, que d'être obligé de faire cette soûmission à une perſonne qu'il eſtimoit infiniment au-deſſous de lui, & ayant toûjours ſur le cœur que ſans le crédit de Mr de Bullion il auroit écraſé le Baron tout comme il auroit voulu, il en garda un vif reſſentiment contre lui, qui eut ſon effet en tems & lieu. Il le broüilla avec Mr. le Cardinal par quantité de faux raports, & ce ne fut qu'à la mort de Mr de Bullion que Son Eminence ſe raccommoda avec lui.

J'aurois bien pû, ſi j'euſſe voulu (& même je n'aurois fait en cela que ce que la raiſon demandoit, puiſque j'aurois ſuivi la Chronologie, qui veut que l'on faſſe tout dans l'ordre, & qu'on ne mette pas une année devant l'autre;) j'aurois bien pû, dis-je, ſi j'euſſe voulu, ne raporter tout ceci qu'aprés que j'aurois déduit ce qui ſe paſſa pendant la campagne de 1636. puiſqu'elle fut antérieure à ce que je viens de dire ; mais m'étant trouvé engagé, en parlant des préparatifs de cette campagne, de faire mention de l'affront fait au Baron du Coupet par Mr le Comte de Soissons, le raport qui s'est trouvé entre le Baron de C..... & lui, dont je me suis souvenu avant le tems, a fait que j'ai confondu l'année 1637. avec 1636. quoi que je sache bien que je ne le pouvois faire sans m'exposer à la censure de ceux qui ne sont pas d'humeur à rien pardonner. Dieu veüille cependant qu'il n'y ait que cela à redire à ces Mémoires, la faute ne sera pas grande, puisque je n'ai eu besoin de personne pour me la faire remarquer.

Avant que les Espagnols entrassent en Picardie, le Prince de Condé avoit assiegé Dole, afin que la crainte de perdre cette Place, les obligeât de jetter leurs principales forces de ce côté-là. La Cour prétendoit par cette diversion se mettre à couvert de l'orage dont la Picardie étoit menacée; mais les Espagnols, qui avoient pourvû cette Place de tout ce qui lui pouvoit aider à faire une longue défense avant le tems, s'en tinrent à ce qu'ils avoient résolu dans leur Conseil, sans s'en éloigner d'un seul point. Ils passérent la Somme, & s'étant rendus maîtres du Catelet, ils ataquerent la Capelle, qu'ils soûmirent pareillement. Ils marcherent ensuite à Corbie, puis à Roye; & toutes ces Places ne leur ayant pas fait plus de résistance l'une que l'autre, le Prince de Condé, qui trouvoit tous les jours de nouvelles dificultez à l'entreprise qu'il avoit formée, fut ravi que la perte de ces Places lui fournit un prétexte spécieux de se retirer de devant celle qu'il assiégeoit. Il publia que s'il le faisoit ce n'étoit que parce que lors que le feu étoit à sa Maison, il étoit plus avantageux de l'éteindre que de songer à brûler celle d'autrui. Peu de gens crûrent que ce fut-là la véritable raison qui l'obligeoit à lever le siége de Dole; on s'imagina bien plûtôt qu'il ne le faisoit que pour éviter le combat qu'il lui auroit falu donner contre Galas, qui aprés avoir été joint par le Duc de Lorraine, marchoit à grandes journées pour secourir cette Place: or ces deux Généraux étoient beaucoup plus forts que lui.

Dole étant ainsi hors de crainte de tomber sous le pouvoir d'une Puissance étrangére, Galas aprés avoir fait réparer cette Place, que le canon avoit endommagée, tint Conseil de Guerre avec le Duc de Loraine, pour sçavoir de quel côté ils devoient tourner. Ils se trouvérent de différent sentiment, le Duc voulant qu'on allât en Loraine, & lui qu'on attaquât la Duché de Bourgogne, dont il faisoit la conquête facile, parce qu'il y avoit fort peu de Troupes pour la garder ; le Prince de Condé avoit envoyé la plus grande partie des siennes au secours de la Picardie, où le Roi étoit allé joindre le Duc d'Orleans, afin d'avoir la gloire lui-même d'avoir délivré cette Province de la servitude où elle étoit tombée depuis que les ennemis étoient dans son sein.

Le Duc de Lorraine & Galas ne pouvant s'accorder ensemble, ils furent camper à Fontaines-Françoise, afin de faire contribuër tout le païs d'alentour. Il y eut quelques Bourgs & quelques Villages qui se confians dans quelques dehors qu'ils avoient élevez à la hâte, & dans quelques gens qu'ils y avoient logez pour les garder, prétendirent s'exempter de la contribution que les ennemis leur demandoient ; mais ils furent pillez & brûlez : ce qui ayant rendu sages ceux qui avoient dessein de suivre leur exemple, les ennemis tirerent des sommes considérables de cette Province, qui est plus à son aise que les autres, parce qu'étant un païs d'Etats, c'est elle-même qui accorde les impositions qu'il y a à lever sur elle. Galas se voyant de l'argent en abondance, au moyen du butin qu'il avoit fait, & des contributions que personne ne faisoit plus de difficulté de lui payer, eut un autre different avec le Duc de Lorraine qui en vouloit avoir sa part. Ce Prince étoit assez interessé de son naturel ; mais l'étant encore plus, presentement, que jamais, parce qu'étant dépoüillé de ses Etats il ne joüissoit plus de ses revenus ; l'affaire alla si loin, que peu s'en fallut qu'ils ne se chargeassent l'un l'autre. Galas, dont l'apétit n'étoit pas moindre que le sien pour le démouvoir de ses prétentions, soûtenoit que les Troupes de ce Duc n'étant que des Troupes auxiliaires, qui étoient payées par l'Empereur, elles ne pouvoient prétendre aucune chose que leur solde, & que moyennant qu'elles la reçûssent, elles n'avoient rien à espérer de tous les avantages qu'il procureroit à son Armée.

Le Duc de Lorraine n'aiant point de bonnes raisons à alléguer contre celles de Galas, par lesquelles il se voyoit exclus de ses prétentions, voulut plus que jamais qu'on laissât-là la Bourgogne & qu'on s'en fut en Lorraine, où il se vantoit qu'il ne seroit pas plûtôt arrivé que tous ses sujets secouëroient le joug de la domination Françoise. Galas eut peine à le croire, parce qu'il étoit cause lui-même de tous leurs malheurs. En effet, c'étoit lui qui avoit attiré la Guerre dans son païs, par un esprit inquiet qui ne lui permettoit pas de demeurer en repos. Comme il n'étoit qu'un petit Prince en comparaison du Roi, & que d'ailleurs son païs contigu à la France le mettoit dans la nécessité d'être dans une continuelle dépendance de cette Couronne : Ce qui a fait dire à un politique que le meilleur parti qu'un Duc de Loraine pût prendre pour l'interêt de ses Etats, étoit de se faire premier Gentilhomme de la chambre du Roi Trés-Chrétien ; ce qui ne doit pas s'entendre à la lettre, mais d'une maniére moins grossiére, puisque tout ce qu'il prétend

tend dire par-là, c'est qu'un Prince qui commande à cette Province, & qui a dessein de vivre heureux, doit toûjours rechercher l'amitié & la protection du Roi. Comme, dis-je, Galas n'étoit pas à sçavoir que tout le malheur des Lorrains ne venoit que de la faute du Duc, qui avoit tantôt fait des traitez avec le Duc d'Orleans & tantôt avec des Puissances étrangéres pour troubler le repos de la France; il n'eut pas grande foi dans ce qu'il lui disoit; ainsi aimant mieux continuër ses courses dans la Bourgogne que de s'en fier à ses promesses, il convint avec lui de lui donner quelque part dans son butin, moyennant qu'il ne s'oposât plus à ses desseins.

Ces offres apaisérent le Duc, contre lequel Galas ne se tenant pas en sûreté auparavant, il avoit crû de sa prudence de faire passer en Comté les dépoüilles de la Bourgogne, pour les mettre en lieu où on ne les lui pût ravir. Il en fit revenir ce qu'il promettoit au Duc, & l'ayant fait résoudre aprés cela de mettre ensemble le siége devant Saint Jean de Laone, qui est une des clefs de la Bourgogne, le Colonel Rantzau, Danois de Nation, qui étoit au service du Roi, s'y jetta pour la deffendre. Comme c'étoit un homme d'un grand courage & qui ne demandoit qu'à se signaler, le mauvais état où étoit cette Place ne lui fit point de peur, il s'y maintint malgré tous les efforts des ennemis, & ayant donné le tems au Cardinal de la Valette d'assembler des Troupes dans les trois Evêchez dont il étoit Gouverneur, aussi-bien que du païs Messin, & de se mettre en chemin pour le secourir, Galas n'en eut pas plûtôt

tôt avis, qu'il résolut de ne le pas attendre; il leva le siége, & s'étant retiré en Comté, il passa delà en Loraine, aprés avoir donné quelques jours de repos à son Armée.

Ce qu'ils y firent lui & le Duc de Lorraine, qui n'avoit garde de ne le pas accompagner dans cette expédition, ne répondit pas à beaucoup prés à leurs espérances; il ne fut pas même capable d'effacer la honte qu'y avoient reçû au sortir de l'Hyver, des Troupes Impériales sous le commandement de Colloredo, l'un des Capitaines de l'Empereur. Le Maréchal de la Force qui s'étoit avancé de ce côté-là pour prendre garde à cette Province; l'ayant suivi de prés, & l'ayant obligé de combattre, quoiqu'il n'en eut pas grande envie, il avoit été défait; & qui pis est, pris prisonnier lui-même par un simple cavalier, qui aiant eu aſſez de courage pour l'attaquer, eut aſſez d'adreſſe pour lui faire un tour auquel il ne s'attendoit pas. Ce cavalier ayant remarqué que le combat alloit mal pour les Imperiaux, & que ce Général, qui le devoit remarquer encore mieux que lui, puiſque c'étoit ſon affaire, lui alloit échaper à cauſe que ſon cheval étoit beaucoup meilleur que le ſien, il le ſerra de ſi prés, qu'au lieu de lui donner de ſon ſabre ſur la tête ou en quelque autre endroit, il lui coupa les rênes de ſon cheval. Colloredo n'en étant plus le maître aprés cela, & ſe voyant en danger de perdre la vie, ſoit de la main de ſon ennemi ou par la faute de ſon cheval, qui étoit capable dans cet état de le porter au milieu d'un eſcadron ou d'un bataillon ennemi, dont il eſſuyeroit peut-être le feu avant qu'il pût faire reconnoître qui il étoit;

il demanda quartier au cavalier, qui le lui accorda.

Le Cardinal de la Valette auroit pû, aprés avoir fait lever le siége de Saint Jean de Laonne à Galas & au Duc de Lorraine, les poursuivre jusqu'en Comté & les empêcher de passer dans les Etats de ce Duc; mais Mr le Cardinal qui savoit qu'il n'y avoit rien à craindre pour cette Province, lui ayant ordonné de s'acheminer en Alsace & d'y joindre le Duc de Weimart, qui étoit venu à la Cour pendant l'Hyver, pour conférer de bouche avec Son Eminence de ce qu'on devoit faire en Allemagne durant la campagne, il en prit le chemin. Le Duc de Weimart qui avoit déja beaucoup d'inclination pour la France, s'en trouva encore si bien traité pendant le séjour qu'il y fit, qu'il convint avec Mr le Cardinal de porter la Guerre en Alſace, plûtôt que de la faire dans le cœur de l'Allemagne. Ce n'étoit pas-là l'avantage de la Suéde à qui devoient appartenir les Conquêtes que les deux Couronnes feroient au delà du Rhin, au lieu que celles qui ſe feroient en deçà devoient être à la France; mais comme l'on avoit perdu au commencement de cette année la ville de Maïence, où les ennemis avoient remis le ſiége à la fin de la campagne précedente, le Duc de Weimart, à qui la perte de cette place rendoit difficile ſon retour en Allemagne, fit trouver bon à la Reine de Suéde de le laiſſer agir en deçà du Rhin. Il lui inſinua que s'il étoit ſi heureux que de pouvoir conquérir l'Alſace pour le Roi ſon allié, elle en tireroit tout autant d'avantage que ſi cette Province étoit à elle: que Sa Majeſté Trés-Chrétienne entreroit aprés cela de plein pied en Allemagne, parce que n'y ayant que la Comté & la Lorraine qui l'en pouroient empêcher, comme Sa Majesté étoit déja maîtresse de l'une de ces deux Provinces, Elle se passeroit bien de l'autre; si tant est neanmoins que les ennemis pûssent l'empêcher de s'en emparer: que quand le Roi auroit ainsi le passage de l'Allemagne libre, ses Armées & les siennes se pourroient joindre plus facilement qu'elles ne faisoient aujourd'hui; que les unes attaqueroient l'Empire d'un côté, & les autres de l'autre; & que se faisant porter respect par toutes les Puissances qui composent ce vaste Corps, on les verroit bien-tôt briguer à l'envi leur amitié, comme elles avoient fait avant la perte de la Bataille de Nortlingen.

La Reine Christine ayant consenti à ce que desiroit le Duc de Weimart, il se rendit devant Saverne, où le Cardinal de la Valette le vint joindre, suivant les ordres qu'il en avoit reçûs de Mr le Cardinal. Ils y mirent le siége, que Galas, qui s'étoit approché de Nanci dans l'esperance que le Duc de Lorraine lui donnoit, qu'elle se révolteroit contre les François, eut ordre de secourir. Les promesses du Duc se trouvant vaines, comme Galas l'avoit bien prévû, le Duc, pour se venger de ses sujets qu'il traitoit d'infidelles, parce qu'ils ne s'efforçoient pas de couper la gorge à leurs Garnisons, fut le premier à conseiller à Galas de mettre tout à feu & à sang, devant que de s'en aller en Alsace. Galas ne se le fit pas dire deux fois, il pilla le Bourg de Saint Nicolas, & y ayant mis le feu, il fit la même chose par tous les endroits qui se trouvérent sur son

ſon paſſage. Ces deux Généraux entrérent enſuite en Alſace, & s'étant approchez de Saverne, ils trouverent le camp du Duc ſi bien fortifié, qu'il n'oſérent entreprendre de le forcer. Ils ſe contenterent de le regarder avec reſpect, & s'étant retirez en Comté, ils ne ſongérent plus qu'à prendre des quartiers d'Hyver, la ſaiſon commençant à s'avancer. Leur retraite fut bien-tôt ſuivie de la reddition de Saverne, par où le Duc ébaucha la conquête de l'Alſace, qu'il réſolut de pourſuivre la campagne ſuivante.

C'étoit déja quelque choſe à Mr le Cardinal que d'avoir chaſſé les ennemis de la Bourgogne, & de les avoir obligez par le moyen du Duc de Weimart de rendre Saverne à Sa Majeſté; mais tout de même qu'il lui étoit venu au commencement de la campagne quantité de méchantes nouvelles à la fois, ainsi sur la fin il en eut quantité de bonnes, qui mirent son esprit en plus grande tranquilité qu'il n'étoit auparavant. Il lui vint un Courier de Bearn, qui lui aprit que les Espagnols aprés s'être emparez de Saint Jean de Luz, l'avoient abandonné. C'est un passage sur la riviere de Bidassoa, qui ne faisoit pas beaucoup de bruit en ce tems-là; mais qui en a fait bien davantage depuis, par l'avantage qu'il a eu de servir de séjour à un grand Ministre, lorsque se fit le Traité des Pirenées; & au Roi même, à present régnant, lors qu'il s'aboucha dans l'Isle des Faisans avec Philippes IV. Roi d'Espagne; & qu'ils ratifiérent le Traité qui avoit été conclu par leurs Ministres, dont un des principaux articles étoit le Mariage de Sa Majesté avec Marie-Thérese d'Aûtriche, Infante d'Espagne.

La nouvelle que Mr le Cardinal reçût de la ſortie des Eſpagnols de Saint Jean de Luz, fut ſuivie d'une autre, dont il eut encore bien plus de joye; il reçût de Provence un Courier du Comte d'Harcour, qu'il avoit chargé de reprendre les Iſles de Sainte Marguerite & de Saint Honorat, par lequel il lui mandoit qu'aprés avoir eu l'adreſſe d'éviter la flotte d'Eſpagne, qui auroit eu beaucoup davantage de combattre la ſienne dans un paſſage où elle l'attendoit, il avoit eu le bonheur de chaſſer les Eſpagnols des deux Iſles dont ils s'étoient emparez l'année d'auparavant. Pour comble de bonheur, le Prince d'Orange qui n'avoit point eu de repos depuis la perte qu'il avoit faite du Fort de Scenk, le reprit, & ſe délivra par-là de l'inquiétude où il étoit. La perte de cette Place nous avoit été trés-funeste ; car c'étoit elle qui avoit donné au Cardinal Infant la hardiesse d'entrer en Picardie : ce qu'il n'auroit osé faire si le Prince d'Orange eut été en état de faire diversion du côté de Flandres.

Il ne manquoit plus, aprés tant d'heureux succez, que de chasser les ennemis de Picardie ; c'est ce que Mr le Cardinal executa heureusement, en accompagnant le Roi dans cette Province, où Sa Majesté reprit les Villes de Roye & de Corbie. Les ennemis tâchérent, pendant qu'Elle y étoit occupée, de se saisir de Doullens, qui est à moitié chemin d'Amiens à Arras ; s'ils en fussent venus à bout, Amiens auroit été en grand péril ; mais le Comte de Soissons marchant aussi-tôt pour se saisir d'un passage, qui les auroit mis en danger de mourir de faim, s'ils eussent souffert qu'il s'en fut emparé, ils aimérent mieux abandonner leurs entreprises que de s'exposer aux inconveniens qu'ils prévoyoient de la marche de ce Prince. Le Roi qui étoit un Monarque rempli de pieté, & tel qu'il n'y en avoit guéres de pareil dans l'Europe, au lieu d'attribuër tant d'heureux succez à la force de ses armes, les attribuant uniquement à Dieu, & à la protection de la Vierge, envers qui il étoit fort dévot, voulut lui en témoigner sa reconnoissance. Il fit faire une lampe d'argent du poids de trois cens vingt marcs, & en ayant fait present à l'Eglise Cathedrale de Paris, elle y fut penduë devant la Chapelle dediée en l'honneur de la Mére de Dieu.

La fin de cette campagne, qui avoit été aussi heureuse que le commencement en avoit été triste, donna bien de la confusion aux ennemis qu'avoit Mr le Cardinal, qui disoient tout haut que c'étoit par sa faute que les Espagnols étoient entrez dans le Royaume. Les Parisiens qui sont crédules, principalement quand il s'agit de ternir la gloire d'un Ministre, dont on a tant de preuves, qu'on ne sauroit mettre en doute cette vérité, ajoûtant foi à ces impostures, commencerent à déclamer contre lui. Il en fut averti, & même que le peuple étoit tellement animé contre Son Eminence, que si Elle se montroit dans les ruës, il n'y feroit pas sûr pour Elle : *Nous verrons cela dans un moment*, dit-Elle à ceux qui lui tenoient ce discours ; & ayant commandé sur l'heure de mettre les chevaux à son carosse, Elle monta dedans toute seule, & se fut promener par toute la Ville. Cette résolution étonna ſes plus grands ennemis, & en même tems réjoüit ceux d'entre le peuple qui n'étoient pas ſi animez que les autres contre Son Eminence. On leur avoit fait accroire que la tête lui avoit tourné. Ses ennemis publioient même qu'il n'oſoit plus ſe montrer en public; ce qu'on étoit ſi ſimple que de croire: mais ayant paru à l'heure-même, Elle confondit ceux qui lui vouloient le plus de mal; ce qui lui acquit tant de gloire, qu'Elle étouffa pour un tems tous les mauvais diſcours qui ſe tenoient à ſon préjudice.

FIN.

www.ingramcontent.com/pod-product-compliance
Ingram Content Group UK Ltd.
Pitfield, Milton Keynes, MK11 3LW, UK
UKHW012010240726
13965UKWH00001B/290

9 782013 475075